LA VOIE
DE VOTRE ÂME
ENFIN DEVOILEE

Précédentes publications des auteurs:
Spirituele Relaties (Les Relations Spirituelles)
De Hemel binnen Handbereik (Le Paradis à Portée de Main).
De Ontsluiering van je Zielenpad (La Voie de votre Âme enfin dévoilée)
Gevoelens verwoorden maakt je vrij (Verbaliser vos sentiments vous libère)
Maak je Hemel op Aarde (Créez votre Paradis sur Terre)
De DNA Code van de Ziel (Le Code ADN de l'Âme)
Het kosmische plan van de nieuwe tijd (Le plan cosmique du Nouvel Ere)
Sleutels tot geluk (Les Clefs vers le Bonheur)
De dag waarop mijn Ziel in opstand kwam (Le jour où mon Âme s'est révoltée)
Wat Zoekers niet vinden en Vinders niet zoeken (Ce que les Chercheurs ne trouvent pas et les Trouveurs ne cherchent pas)

Le signe d'Anthon est le symbole du Centre de Compréhension Spirituelle et il revêt un sens particulier. La croix symbolise la matière. Vous vivez ici sur Terre et ce fait n'est pas un hasard. Le cercle extérieur représente l'Ensemble Supérieur et vous fait prendre conscience que vous en faites partie intégrante. Vous vous trouvez au cœur de ce tout, vous êtes la boule située au centre.

Amour, force et sagesse.

www.thesiranthonyfoundation.org
www.centrumvoorspiritueelinzicht.org

LA VOIE DE VOTRE ÂME ENFIN DEVOILEE

Comprendre pas à pas
le Code ADN de l'Âme

Boudewijn Donceel - William Gijsen

Edition The Sir Anthony Foundation – Fondation privée

Edition: The Sir Anthony Foundation – Fondation privée
Hamonterweg 133, 3950 Bocholt, Belgique
Téléphone: +32 11 44 81 19
Email: william@williamgijsen.org - boudewijn@boudewijndonceel.org
Site web: www.thesiranthonyfoundation.org
www.centrumvoorspiritueelinzicht.org
Impression et reliure: Print on Demand
Titre original: De Ontsluiering van je Zielenpad
Traduction: Carole Speroni
Couverture: Elly Munten
Illustration, rédaction, mise en page et conception graphique: The Sir Anthony Foundation – Fondation privée
Auteurs: Boudewijn Donceel, William Gijsen

Copyright (c) 2017 Editions The Sir Anthony Foundation – Fondation privée, Bocholt, Belgique, William Gijsen, Bocholt, Belgique, Boudewijn Donceel, Bocholt, Belgique.

Tous droits réservés. La présente publication ne peut être reproduite, archivée ou rendue publique, en tout ou en partie, sous quelque forme ou par quelque moyen que ce soit, par impression, photocopie, système numérique ou autre, sans l'autorisation écrite préalable de l'éditeur.

All rights reserved. No part of this publication may be reproduced, stored or made public in any form or by any means, printing, photocopying, digital systems, or otherwise, without the prior written permission of the publisher.

ISBN 9789492340030

NUR 720, NUR2 728

TABLE DES MATIERES

AVANT-PROPOS	7
LE SENS DE L'EXISTENCE	9
LA MISSION NAISSANCE	22
Le Comportement Sphère	26
Le Profil de Base: Chercheurs et Trouveurs	32
Les Types: l'Acteur, le Ressenteur, le Penseur	35
La Méditation	39
Le Code Naissance	43
Le Code Âge	58
LA MISSION RELATION	63
Le Code Mars & Venus	65
Le Code Q	82
Le Code-Z	88
Le Code-C & la Crainte Sphère	95
LA MISSION EVOLUTION	99
LA MISSION PERSONNELLE DE L'AME	110
L'EPURATION DES FARDEAUX	116
L'épuration du Karma	118
L'épuration des craintes	133
L'épuration des errances rationnelles	136
L'épuration de l'Ego	141
Les intentions	145
Le Corps et l'Âme	154
Le refus	157
LES DEGRES DE TRANSFORMATION	162
ETRE conscient de soi	165
Examen de conscience	167
Acceptation	168
Délivrance	170
Création	172

Méditation	177
Le renoncement inconditionnel	178
Exemple	179
Qu'est-ce que je veux	188
RECONNAITRE LE SENTIMENT	194
DE VOTRE ÂME	194
LES 9 ETAPES	199
L'enfance, de 0 à 12 ans	201
L'adolescence, de 12 à 18 ans	203
L'âge adulte, de 18 à 50 ans	205
Le travail	210
La relation	212
La séparation ou le lâcher-prise	214
Les 50 +	216
Les 70 +	217
La fin de vie	218
EPILOQUE	221
RESUME DES CARACTERISTIQUES	222
Le Comportement Sphère:	222
Le Profil de Base: le Trouveur - le Chercheur	223
Les Types: l'Acteur, le Ressenteur, le Penseur	224
Le Code Naissance	225
La décomposition du Code	240
Le Code Q	245
Le Code-Z	246
Le Code-C et la Crainte Sphère	247
Schéma évolutif du Code Evolution	248
Le Centre de Compréhension Spirituelle	250

AVANT-PROPOS

Je vous salue, cher lecteur. Je m'appelle Anthon van Dijck. En fait, c'est le nom que j'utilise. Mais j'ai eu plusieurs noms dans plusieurs vies. Choqué? Je vous donnera les explications plus loin. Mais vous aussi, vous avez eu plusieurs noms dans plusieurs vies. Intéressant, n'est-ce pas? Êtes-vous prêt à accepter ce point de départ? Je vous promets un voyage particulier!

Je suis un Âme Supérieur. Ma mission est éclaircir le fonctionnement de l'Ensemble Supérieure et plus important, votre place dans cet Ensemble. L'existence de l'Âme comme point de départ, vous donnera une vue novatrice sur votre vie.

Ces 15 dernières années, j'ai communiqué graduellement une foule d'informations sur la Voie de l'Âme. Je souhaite rassembler dans un seul ouvrage toutes ces observations.

Pourquoi? Parce que le moment est venu. Les gens cherchent plus que jamais la Voie de leur Âme. C'est dans l'air du temps. Nous sommes dans une période de sensibilisation accrue, nombreux sont ceux qui se réveillent et s'interrogent sur eux-mêmes. Appelez cela l'éveil de l'Âme.

La découverte de sa propre Voie est toutefois une mission difficile. Il existe à cet effet une carte, mais sa lecture nécessite un accompagnement. Il est donc judicieux de disposer d'un texte et d'explications afin de pouvoir lire cette carte.

Le Code ADN de l'Âme est la légende liée à votre carte. Il précise le stade dans lequel vous vous situez et les circonstances auxquelles vous faites face. Votre Code ADN est un ensemble de caractéristiques qui vous sont propres, les caractéristiques de votre Âme.

Pour trouver votre Voie, il faut tomber et se relever, apprendre de ses expériences, être conscient de soi et se remettre en question. Vous trouverez votre Voie en tirant des leçons de la vie et en les mettant en pratique par la suite. Telle est la véritable spiritualité.

Ce chemin est cependant aussi truffé d'obstacles, qui vous empêchent d'être vous-même. C'est en tombant et en vous relevant que vous apprendrez à les surmonter. Mais ici aussi, un mode d'emploi est indispensable, pour apprendre à y faire face et à lâcher du lest.

La Voie devient alors plus aisée, plus visible, plus facile à identifier. La clé centrale est le développement de votre conscience. On ne peut d'ailleurs changer que ce dont on est conscient. Ne vous y trompez pas, vous êtes plus souvent inconscient que conscient!

Aussi est-il également crucial de répondre à une question existentielle: où mène cette Voie? De fait, sans savoir où l'on veut aller, on ne peut trouver la bonne Voie. Quel est le sens de la vie, le but de votre existence?

La découverte de la Voie de l'Âme est une quête époustouflante et extraordinaire. Dans le présent ouvrage, j'explique comment trouver sa Voie et comment la suivre. Cependant, cet ouvrage est volumineux et sera peut-être difficile à digérer en une seule fois. Il se peut qu'il vous donne le vertige. Si c'est le cas, il est alors temps de laisser quelque peu décanter ce que vous venez de lire.

La découverte de la Voie de votre Âme nécessite une approche graduelle. Je souhaite néanmoins présenter cette histoire comme un ensemble. Il est essentiel que tout cela soit présenté dans son intégralité. Voyez cela comme la Bible du Nouvel Ere, un mode d'emploi pour découvrir la Voie de votre Âme.

Anthon Van Dijck

LE SENS DE L'EXISTENCE

La découverte de la Voie de votre Âme redonne un sens à votre existence. Dans chaque vie, vous partez à la recherche de cette Voie. Vous êtes en effet sur Terre, chargé d'une mission bien spécifique. Au plus profond de vous, vous le sentez. Du moins, si vous y êtes ouvert.

La clé, c'est la prise de conscience et être conscient. Vous avez le choix. Les gens choisissent en masse d'errer sans but. Mais ils sont chaque jour plus nombreux à chercher le sens de la vie et ils découvrent qu'entre le Ciel et la Terre, il y a bien plus que la matière.

Dans le présent ouvrage, je vous aiderai à découvrir la Voie de votre Âme et à la comprendre, afin que vous appreniez à trouver votre propre chemin.

Mais qu'est-ce que l'Âme? Existe-t-elle réellement? Qu'y a-t-il au-delà de la matière? Y a-t-il plus que ce que nos sens perçoivent? Comment en être certain?

Ce sont là quelques-unes des questions que bon nombre de personnes se posent. Prenons le taureau par les cornes, suivez-moi.

L'Âme est immortelle, immatérielle, invisible, et pourtant bel et bien présente en chacun de nous. Pourquoi y croire? Parce qu'une croyance peut devenir un savoir, si l'on y est ouvert.

Une première approche est une preuve par l'absurde. Si l'Âme n'existait pas, la vie n'aurait aucun sens. Peut-être percevez-vous parfois au plus profond de vous une voix qui refuse de croire en cette absence de sens. Vous sentez en vous un élan qui vous pousse à développer votre conscience. C'est ainsi que l'on gagne en sagesse tout au long de sa vie. Cela s'appelle la maturité.

Tout cela n'apporte bien évidemment pas la preuve scientifique de l'existence de l'Âme, mais c'en est déjà une explication plausible. Sachez qu'en tirant une leçon de vos expériences, vous développez votre propre conscience. Il ne s'agit donc pas du tout d'accepter les choses passivement, de manière irréfléchie; il s'agit au contraire du choix conscient et délibéré de développer votre conscience.

Si l'on ne croit pas en l'existence de l'Âme, de nombreuses questions restent sans réponse. Si l'on part du principe qu'elle existe, tout s'éclaircit, tout s'explique.

Pourquoi cela ne serait-il pas vrai? Peut-être l'est-ce jusqu'à preuve du contraire. Le doute est humain, il faut l'admettre. Il fait même partie intégrante de votre Voie. Mais à chaque expérience, écoutez votre for intérieur, faites face au doute et tirez-en un enseignement. Vous développerez ainsi votre propre sagesse.

Le ressenti est le langage de l'Âme. Tout le contraire de ce que l'on nous enseigne de par notre éducation, à l'école. On nous apprend bien souvent à adopter une approche purement intellectuelle et analytique, à agir selon la norme. L'intuition et la spontanéité n'ont pas voix au chapitre. Au fil des ans, nous avons ainsi oublié comment ressentir.

Vous avez certainement déjà vécu un exemple du fonctionnement de votre Âme. Lorsque vous rencontrez quelqu'un pour la première fois et lui serrez la main, vous avez tout de suite une première impression: vous l'appréciez ou ne l'appréciez pas. Votre intuition vous fournit ainsi des informations fiables.

L'intuition est «l'organe» sensoriel de votre Âme, et il faut apprendre à l'utiliser et à la développer. Quand vous avez fait cela, vous avez déjà parcouru une part importante du chemin vers la découverte de votre Voie.

Cet sentiment est une sorte de boussole, qui vous indique si vous voulez ou non une chose. Il vous permet de discerner ce qui vous convient et ce qui ne vous convient pas. Si vous savez vous servir de cette boussole, vous trouverez par vous-même le bon chemin.

Le Code ADN de votre Âme est une deuxième manière de

ressentir l'existence de votre Âme. Ce Code ADN est le reflet des caractéristiques de votre Âme. Une fois obtenu ce Code ADN, vous constaterez d'ailleurs que ces caractéristiques vous correspondent parfaitement. Vous n'en saisirez peut-être pas d'emblée tous les aspects, mais vous en comprendrez certainement les grandes lignes.

A mesure que vous vous familiariserez avec ce concept, les doutes se dissiperont. Voilà la meilleure preuve qui soit. De par votre propre expérience, ce en quoi vous croyez devient ce que vous savez.

Cela implique que vous acceptiez l'existence du Monde des Esprits. En effet, nous sommes les messagers, nous transmettons ce Code. C'est là peut-être une deuxième affirmation difficile à accepter.

Mais si vous admettez que l'Âme existe, il est logique qu'il existe un monde des Âmes où celles-ci résident lorsqu'elles ne sont plus dans la matière. Cela explique la mort, la naissance et les réincarnations. Au plus profond de vous, vous en trouverez la confirmation.

Tout le monde peut entrer en contact avec le Monde des Esprits. Sachez que chacun dispose d'un guide qui l'assiste depuis le Monde des Esprits. Une sorte d'ange gardien. Il vous accompagne dans la découverte de la Voie de votre Âme, mais uniquement si vous le désirez. Aucune contrainte n'est exercée, cela reste un choix délibéré.

Mon ange gardien peut-il alors me révéler les caractéristiques de mon Âme? Hélas, non. Votre intuition peut vous permettre de ressentir l'une ou l'autre chose, mais la communication des caractéristiques de l'Âme est une question délicate.

Ici, dans le Monde des Esprits, c'est nous qui choisissons avec qui nous communiquons, et non l'inverse. Cela peut sembler injuste mais la gestion des informations communiquées implique une grande responsabilité et il n'est donné qu'à peu de gens de pouvoir l'assumer.

C'est également une leçon du passé, lorsque Jésus a tenté

de dévoiler la Voie de l'Âme. Il en a rapidement été fait un mauvais usage et cela a donné naissance à l'Eglise actuelle, essentiellement basée sur des structures de pouvoir. Ici, dans le Monde des Esprits, cette notion de pouvoir est exclue. Aussi sommes-nous d'une extrême prudence dans notre communication. Nous voulons à tout prix éviter de commettre à nouveau la même erreur.

Mais revenons-en à l'Âme: d'où vient-elle et où souhaite-t-elle se rendre? Pourquoi l'Âme existe-t-elle?

L'explication est simple. La somme de toutes les Âmes forme un Ensemble Supérieur. Les Âmes sont présentes dans la matière, mais une grande partie d'entre elles reste dans le Monde des Esprits. Les Âmes se réincarnent sur Terre pour y gagner en sagesse.

La matière est un environnement idéal pour l'Âme, qui peut y vivre des expériences, apprendre, tirer des enseignements. Dans chaque vie, on gagne en sagesse et cette sagesse est durable. Elle vous accompagne dans la vie suivante.

Tout cela est étrange. D'un côté, on fait l'expérience de sa propre spécificité en tant qu'Âme. D'un autre, on fait en même temps partie d'un Ensemble Supérieur. On est donc une partie de quelque chose d'autre. Cela peut paraître contradictoire, mais votre conscience se développe au fil de la découverte de votre Voie.

Dans le présent ouvrage, vous apprendrez à entrer en contact avec le Monde des Esprits et à leur demander conseil. Si vous demandez conseil à l'Ensemble Supérieur, vous recevez uniquement un conseil en lien avec votre Âme.

Il n'y a d'ailleurs pas de différence entre ce que veut votre âme et ce que veut l'Ensemble Supérieur. Vous êtes donc vous-même, mais aussi une partie de l'Ensemble.

Mais qui suis-je? Suis-je mon Âme? Ou suis-je autre chose? Tout cela a l'air totalement inextricable et confus. C'est pourquoi il est si important de vous voir vous-même comme le résultat de votre âme, de votre passé, de vos craintes, de votre Ego, de vos aspirations, ...

Vous êtes le mélange de nombreuses choses, et dans ce mélange, votre Âme s'efforce de trouver votre authenticité, de vous délester de ce qui vous empêche d'être vous-même.

L'Âme cherche aussi à gagner en sagesse et ainsi éviter que vous accumuliez les fardeaux. Acquérir de la sagesse et l'appliquer, telle est la seule véritable définition de la spiritualité.

Mais quel est le sens de tout cela? Tout s'explique par le But de l'Ensemble Supérieur. Celui-ci désire à tout prix gagner en sagesse. Cet Ensemble Supérieur porte parfois le nom de Dieu. Les ouvrages à ce sujet sont légion. Mais donnons ici une définition simple de Dieu:

Dieu est la force créatrice qui cherche à comprendre.

En saisissez-vous le sens? Prenez le temps de bien prendre conscience du sens de cette définition.

Peut-être vous identifiez-vous à cette définition. Je vous ai déjà annoncé précédemment qu'une sorte d'élan intérieur vous pousse à développer votre conscience. Sentez-vous donc comme une part de Dieu!

Le désir premier de l'Ensemble Supérieur, son but, explique le désir de votre propre âme de gagner en sagesse. Vous êtes une partie de cet ensemble. Votre contribution consiste à tirer de la compréhension de vos expériences.

Autrefois, cet Ensemble Supérieur ne faisait qu'un. Toutes les Âmes étaient réunies dans cette Unité, et toutes aspiraient à la sagesse. Puis vint une décision plutôt drastique: le Big Bang. Ce fut un choix délibéré de l'Unité pour lui permettre de croître.

Ce Big Bang a entraîné la scission de l'Unité en différentes parties, et ce afin de donner à chaque partie une chance de croître.

L'Âme est une de ces parties. Chacune de ces parties poursuit sa propre trajectoire et toutes se retrouvent dans cette Unité.

La croissance est le résultat des enseignements tirés, du développement de notre propre sagesse. Autrement dit, de la Compréhension Spirituelle. La croissance de l'Ensemble Supérieur est donc la somme globale de chaque croissance individuelle.

La véracité de cette théorie est une question critique. Cela semble trop beau pour être vrai. Votre pensée est cependant trop limitée pour pouvoir comprendre. Laissez dès lors libre cours à votre conscience et à votre savoir.

Votre voix intérieure vous dira alors peut-être que tout cela pourrait bien être vrai. Dans la matière, tout se mesure en temps et en espace. Notre intelligence n'est pas en mesure de saisir pleinement le sens de tout cela. Fiez-vous donc à votre ressenti. Il vous apportera les réponses.

Mais revenons à l'essentiel: vous êtes une partie de l'Ensemble Supérieur. Partons de ce postulat. En gagnant en sagesse au fil de vos expériences, vous apportez votre contribution à l'Ensemble Supérieur.

Une expérience positive n'est possible que par le ressenti. Comme je l'ai dit plus haut, c'est le langage de l'Âme. Cette expérience vous donne un sentiment de bien-être pur, de satisfaction. Ainsi s'exprime votre amour pour vous-même. Nous approfondirons ce point plus tard.

Je souhaite avant tout ici expliquer comment trouver la Voie de votre Âme dans la matière. Mais puisque cela suscite également des questions sur le Monde des Esprits, voici à ce propos quelques explications.

Le Monde des Esprits est l'endroit où demeure l'Âme entre deux vies. Que fait l'Âme pendant ce temps? Cela dépend. Certaines se remettent de leur vie précédente, d'autres accompagnent d'autres Âmes dans la matière.

Comme je l'écrivais plus haut, chacun d'entre vous a déjà ressenti la présence d'une sorte d'ange gardien. Il s'agit en réalité d'une Âme Supérieure qui a accepté pour mission de vous aider. C'est une manière pour elle de vivre des expériences et donc de croître.

Vous pouvez faire activement appel à cette aide. Il s'agit d'en faire usage. Votre Âme accompagnatrice est votre esprit protecteur, votre Guide ou encore votre Maître. L'appellation importe peu. Il s'agit avant tout d'être conscient de son existence.

La collaboration avec ce guide est à l'avantage des deux parties: votre accompagnateur a besoin de votre contact avec la matière pour pouvoir croître. Plus son aide est efficace, plus il gagne en sagesse.

Le Monde des Esprits a également pour mission de créer pour vous des coïncidences. En réalité, le hasard n'existe pas. Ces coïncidences sont une création du Monde des Esprits et sont pour vous l'occasion de tirer des leçons.

Vous avez le choix d'apprendre de ces leçons. Dans le cas contraire, ils créeront d'autres occasions, jusqu'à ce que vous compreniez le message.

Tout s'explique. Par exemple, si j'ai des difficultés au travail avec mon employeur, est-ce un hasard? Non, c'est une occasion de pouvoir apprendre à y faire face. Si je décide de changer de travail sans avoir appris ma leçon, j'aurai à coup sûr à nouveau le même problème avec mon nouvel employeur.

Si j'ai compris la leçon et gagné en sagesse, je n'ai plus besoin de cette expérience et un autre sujet se présente alors à moi. Je suis alors peut-être prêt pour un autre emploi, ou le rapport avec cet employeur ne sera plus une entrave.

Ceci est une intervention du Monde des Esprits pour vous permettre de vivre les expériences dont vous avez besoin pour découvrir la Voie de votre Âme.

Ce principe vaut également pour vos relations. Les divorces se multiplient, de même qu'augmente l'insatisfaction au sein des couples. La séparation n'est pas négative en soi. Du moins si vous en tirez une leçon et adoptez une autre approche la fois suivante. Sans quoi vous foncez à nouveau droit dans le mur.

Le Monde des Esprits fait donc en sorte que vous tiriez ces leçons une par une. Impossible de gérer la leçon numéro 5 si la première leçon n'est pas encore apprise. C'est pourquoi les gens restent souvent bloqués à un certain stade, et ils ne pourront le dépasser qu'après avoir compris.

Un âne ne butte jamais deux fois sur la même pierre. Les hommes ne peuvent hélas pas en dire autant puisqu'ils se comportent parfois de manière encore plus sotte que les ânes.

Voilà qui n'est pas agréable à lire, n'est-ce pas? Vous savez pourtant que c'est la vérité. C'est pourquoi, sans toutefois vouloir vous y contraindre, j'insiste pour une véritable prise de conscience. C'est ainsi qu'on évite de répéter les mêmes erreurs. Vous le souhaitez au plus profond de vous, mais vous avez parfois du mal à l'entendre et vous ne prenez même pas la peine d'écouter votre soi.

En fin de compte, c'est vous qui décidez d'apprendre quelque chose, de suivre ces coïncidences. Tout cela se produit lorsque vous êtes prêt et cela requiert une volonté de votre part. Vivre sa vie en pleine conscience, suivre son Âme, ce n'est pas toujours aisé. Mais vous emprunterez un jour cette voie. C'est d'ailleurs la seule voie possible et c'est vous qui définissez quand l'emprunter et jusqu'où elle vous mènera.

Mais le Monde des Esprits ne nous force-t-il pas la main en créant des coïncidences? La réponse est non: il vous offre la possibilité de comprendre. Cette étape n'est pas contraignante. Les connaissances ainsi offertes sont en réalité un acte d'amour puisqu'il n'est justement en rien contraignant. Le désir d'emprunter cette voie est un choix intérieur, une étape personnelle consciente et délibérée.

Qu'en est-il des réincarnations? Est-ce un processus infini? L'Âme cesse-t-elle de se réincarner un jour? Une Âme peut se réincarner plus de mille fois, mais cela cesse un jour, oui. Lorsque toutes les leçons dans la matière ont été apprises, on ne revient plus. On reste dans le Monde des Esprits pour achever sa croissance.

Et lorsque la croissance est atteinte ? L'accumulation de sagesse ne connaît pas de fin. Cette croissance est donc infinie. Elle ne cesse de s'affiner. La sagesse acquise permet d'accompagner d'autres Âmes. Ainsi croît l'Ensemble.

Et lorsque cette Ensemble aura atteint son niveau de croissance maximal, y aura-t-il un nouveau Big Bang ? Sachez que la fin du monde n'est pas pour demain. Nous avons encore des millions d'années devant nous.

Lorsque le parcours terrestre sera achevé, l'Ensemble Supérieur pourra peut-être poursuivre sa croissance d'autres manières. Cela peut vous sembler tout à fait fascinant. Mais au risque de vous décevoir, je vous conseille de vous concentrer sur votre propre Âme au lieu de vous préoccuper de l'Ensemble Supérieur.

Revenons donc à ce qui nous occupe ici, votre Âme. Son évolution est une contribution à l'Ensemble Supérieur et constitue ce qu'en votre for intérieur vous souhaitez atteindre. Cela redonne un sens à l'existence. Cela donne un but à la vie. Vous n'êtes pas ici pour rien. Vous avez la possibilité de vivre votre vie en pleine conscience et de réaliser votre souhait intérieur le plus profond. L'autre option qui s'offre à vous est la passivité et une vie sans prise de conscience.

Peu importe votre choix. Mais sachez que le refus de cette prise de conscience ne fait que reporter le moment où vous devrez inévitablement emprunter cette voie.

Ce qui m'amène à la mission de votre Âme, une sorte de mode d'emploi de votre vie. Vos vies antérieures exercent une influence certaine à cet effet. Mais vous n'y pouvez rien changer. Seule cette vie compte. La seule devise valable est celle de vivre ici et maintenant, dans le moment présent.

La mission de votre Âme se compose de différentes parties. Ce chapitre est très volumineux et il est plus facile de l'aborder en différentes parties.

Voici donc les sous-parties de la mission de votre Âme :

- La Mission Naissance
- La Mission Relation
- La Mission Evolution
- La Mission Personnelle de votre Âme
- L'épuration du Karma, la gestion des craintes, la raison et ses nuisances, l'Ego
- Le parcours des 9 Etapes

J'approfondirai chacun de ces points dans des chapitres distincts. Mais pour vous donner une première idée, voici un résumé de chacun d'entre eux:

- La Mission Naissance est l'ensemble de toutes les caractéristiques qui reflètent votre spécificité. L'Âme cherche à s'approprier tout cela et à gagner ainsi petit à petit en sagesse. Cette mission a tout particulièrement trait au développement de soi, indépendamment de l'autre.

- La Mission Relation renvoie aux caractéristiques des relations avec les autres. Ces relations sont elles aussi source de sagesse. Pensez seulement à l'influence de votre entourage sur vous et à votre influence sur les autres. Plus les gens sont proches de vous, plus leur influence est grande.

- La Mission Evolution renvoie à une troisième forme de sagesse. Vous apprenez ici à faire face à diverses situations dans lesquelles mettre en pratique votre Mission Naissance.

- La Mission Personnelle de l'Âme est très spécifique et peut se composer de nombreuses parties. Par exemple, apprendre tout simplement à vous défendre, ou encore une mission plus noble, comme propager le Message. La nature de cette mission dépend de ce que vous en avez déjà accompli dans les vies antérieures.

- L'épuration du Karma est une manière de tirer des leçons

et de se délester, de se débarrasser des fardeaux et de se faciliter ainsi la vie. Les autres obstacles source d'enseignements sont les craintes, la raison et l'Ego. Tous sont des comportements inconscients. Ils vous détournent de votre authenticité, de la Voie de votre Âme. En apprenant à y faire face, vous apprendrez également à mieux connaître votre Voie.

- Tout cela se produit dès l'enfance, au travers de 9 Etapes. Chacune est une partie de la Voie de votre Âme et est une expérience spécifique en soi.

Je le répète, cet ouvrage est volumineux et il commence peut-être à vous sembler que l'arbre cache la forêt. Soyez rassuré: petit à petit, chapitre après chapitre, je vous fournirai les explications nécessaires.

Si vous êtes pris de vertiges, prenez le temps de laisser décanter ce que vous venez de lire. Vous ne pouvez pas tout digérer en une fois.

Si vous souhaitez vraiment commencer à découvrir la Voie de votre Âme, je vous conseille de lire ce livre dans son intégralité, pour ensuite relire graduellement, plus en profondeur, une partie bien spécifique.

Je ne peux que répéter mon souhait profond que cette histoire soit relatée intégralement, comme un ensemble. Voyez cela comme un ouvrage de référence, auquel vous pouvez revenir lorsqu'une partie en particulier est importante pour vous à un moment déterminé.

Mais avant d'entrer dans les détails, je souhaite brièvement aborder les points suivants:

Qu'est-ce que le Karma? Vous en ignorez peut-être la bonne définition. Je ne parle pas ici de fatalité, comme dans la spiritualité orientale, mais de tous ces fardeaux accumulés qui jouent des tours à votre Âme. Il s'agit essentiellement de sentiments non exprimés et que vous n'avez pas ressentis pleinement. C'est la raison pour laquelle vous faites face à des coïncidences ici et maintenant, qui vous permettent de vivre et de surmonter ces sentiments. J'expliquerai plus en détail comment se délester de ces fardeaux dans un chapitre ultérieur.

Le Code ADN de votre Âme est le mode d'emploi pour vous positionner dans la matière; il est en quelque sorte la quête d'un «équilibre extérieur». Il vous renvoie à une série de caractéristiques personnelles, en fonction desquelles vous apprenez à agir.

Les degrés de Transformation sont la manière d'atteindre un «équilibre intérieur». Ils sont un mode d'emploi pour aborder les problèmes en sept étapes. Ils vous aident à prendre en main votre destin et à créer au lieu de subir.

La découverte d'un équilibre intérieur et extérieur, d'un équilibre entre votre côté féminin et votre côté masculin, entre la pensée et les sentiments, entre la matière et la spiritualité, entre le pouvoir et l'amour, ce sont là des parts essentielles de la Voie de votre Âme.

Comment atteindre cet équilibre? Il n'existe qu'une seule manière: tomber et se relever. Toutefois, grâce à ce mode d'emploi, vous vous relèverez plus rapidement et la chute sera moins douloureuse!

Pour ce faire, il est crucial de pouvoir identifier le sentiment dégagé par votre Âme. Comment savoir ce que vous désirez vraiment? Puis-je sentir mon Âme? Que faire de ces sentiments désagréables? Pourquoi sont-ils là?

Sentir votre boussole, votre intuition, dévoilera votre Voie et dissipera le brouillard. Cela précise la destination de cette Voie et la manière de l'aborder.

Tout cela soulève inévitablement une question existentielle: qui suis-je ? Voilà une question très déroutante. Qu'est-ce qui prend le dessus en moi? Suis-je guidé par mon Âme, mon Ego, mes angoisses, mon Karma? Vous êtes qui vous êtes, le résultat de tout cela.

Mais il est bon de vous comprendre et de prendre conscience de quelle part de vous prend le dessus à tel ou tel moment.

La sagesse s'acquiert tout au long de la vie. L'expérience vous aide à mieux vous connaître, à faire la part des choses et à choisir ce qui vous correspond. Vous découvrirez ainsi en vous la force de vivre en phase avec votre Âme. Tout ce qui vous en éloigne deviendra alors pour vous superficiel.

Il faut pour cela avant tout accepter qui vous êtes. C'est la seule manière d'emprunter votre Voie. Personne n'est parfait, et la perfection n'est pas de ce monde. Je ne peux que vous mettre en garde: n'essayez pas non plus de viser la perfection. Vous vous berceriez d'illusions. La seule solution consiste à rester réaliste, les deux pieds sur terre. C'est la seule manière de savoir qui vous êtes réellement et de découvrir votre propre Voie.

Voilà l'essence de cet ouvrage. Je vous en détaillerai chaque partie graduellement. Ce sera une promenade de longue haleine, prenez donc votre temps. Après, ce sera à vous d'agir. Quel chemin emprunterez-vous?

LA MISSION NAISSANCE

Je préfère vous prévenir, ce chapitre est très théorique. Mais tout manuel comporte une base théorique, avec laquelle il faut apprendre à travailler. Si l'on souhaite apprendre à lire une carte, il faut connaître la signification des légendes. Sans cela, le parcours reste superficiel, pour ne pas dire inconscient. Alors accrochez-vous, cette partie théorique vous sera précieuse par la suite.

Mais avant d'aborder votre Mission Naissance, il importe de connaître dans les grandes lignes l'évolution de l'Âme sur terre, au travers de toutes vos réincarnations.

La croissance dans la matière se fait en 3 x 7 étapes, 21 niveaux d'apprentissage donc. J'en présenterai plus tard un récapitulatif.

Lorsque vous avez tiré et compris vos leçons pour une partie déterminée et que vous avez appris à les mettre en pratique, vous passez au niveau suivant.

Les 7 premières étapes visent à faire des expériences, à les collecter. On y apprend à gérer sa vie, à se défendre, à tenir bon, à faire face à la confrontation avec son entourage, à se reproduire, à apprendre de ses erreurs, à ressentir des émotions et à renoncer à ce qui n'est pas fiable. Nous appelons cela la Première Sphère.

Si vous êtes né dans la Première Sphère, cela détermine dans une large mesure qui vous êtes. Votre expérience de vie est encore limitée et vous êtes dès lors assez axé sur les autres, docile et dépendant.

Cela change dans la Deuxième Sphère, elle aussi constituée de 7 étapes. Dans celle-ci, vous êtes en quête d'indépendance, de valeur, vous cherchez à faire vos propres choix et vous apprenez à ressentir. Vous apprenez ainsi à poser des limites, à définir ce qui est réellement important pour vous, à rechercher et à renoncer à votre besoin de vous imposer.

Cette Deuxième Sphère se caractérise par un individualisme marqué et la capacité de distinguer ce qui est bon pour vous. L'autre vient en deuxième position.

Rien de mal à cela en soi, mais cela peut mal tourner et donner lieu par exemple à une mauvaise interprétation liée à l'égoïsme, voire la cupidité. Ce phénomène est d'ailleurs de plus en plus fréquent ces derniers temps. Il est lié à l'augmentation actuelle du nombre de Deuxièmes Sphères. Cette tendance rend le phénomène plus visible, or cette caractéristique a toujours existé.

La Troisième Sphère, les 7 dernières étapes, consiste en l'élévation de soi et de l'autre. Après avoir appris à faire la part des choses, vous voulez aider les autres ainsi que vous-même à vous épanouir.

Il importe ici de proposer librement à l'autre de s'épanouir. Vous offrez votre propre expérience et vos connaissances, mais sans contrainte. Cela irait à l'encontre de votre Âme.

La Troisième Sphère vous apprend à collaborer, à partager la sagesse, à viser un équilibre intérieur et extérieur, à vous montrer compréhensif de la bonne manière, à suivre passionnément votre Âme, à agir avec sagesse et savoir, et à vous donner de manière inconditionnelle en acceptant ce qui est. Car ce qui est, est bien, sans quoi c'est différent!

Vous avez là un premier aperçu des 21 étapes de la sagesse, réparties en 3 Sphères. Chacune joue un rôle clé dans la découverte de la Voie de votre Âme, mais vous en apprendrez plus à ce sujet dans les prochains chapitres.

Vous trouverez à la page suivante un récapitulatif de toutes les caractéristiques de ces différentes étapes.

LES 21 NIVEAUX DE SAGESSE

<u>1re Sphère – rassembler:</u>
- Entamer
- Tenir bon
- Oser la confrontation
- Semer et laisser pousser
- Oser commettre des erreurs
- Subir des émotions
- Renoncer à ce qui ne vous correspond pas

<u>2e Sphère – faire la part des choses:</u>
- Faire vos propres choix
- Apprécier ce que l'on a et développer sa valeur propre
- Ressentir et discerner par considération sentimentale
- Poser des limites
- Distinguer l'essentiel de l'accessoire
- Rechercher à partir de différents angles
- Renoncer à l'envie de s'imposer

<u>3e Sphère – élever:</u>
- Collaborer
- Partager
- Développer un équilibre intérieur
- Faire preuve de compréhension
- Elever avec passion
- Le savoir intérieur
- Le renoncement inconditionnel

Vous avez à présent d'une première idée générale de l'évolution de l'Âme, répartie en niveaux d'apprentissage. Nous ferons régulièrement référence à ces 21 étapes. Chacune d'entre elles renvoie à une série de caractéristiques. Celles-ci forment votre Mission Naissance.

Comment comprendre le concept de «Mission Naissance»? Il s'agit de la description de la mission de votre Âme pour cette vie, en lien avec vous.

Elle comprend les caractéristiques auxquelles votre Âme doit s'atteler. Ceci définit votre manière d'être, mais aussi ce que vous devez apprendre.

Votre Mission Naissance comprend les caractéristiques suivantes:

- le Comportement Sphère
- le Profil de base
- le Type
- le Code Naissance
- le Code Âge

Il s'agit du code de départ pour commencer à travailler sur vous-même. Ce sont en quelque sorte les caractéristiques de base de votre Âme. Si vous souhaitez découvrir la Voie de votre Âme, commencez par vous approprier ces caractéristiques et par les comprendre.

Je le répète, c'est un travail de longue haleine, et vous n'en viendrez pas à bout en une seule fois. Commencez donc par une première phase. J'aborderai graduellement plus en détail chaque caractéristique, prenez votre temps.

Le Comportement Sphère

Dans l'introduction, j'avais déjà abordé la question de votre Sphère de naissance, qui définit en grande partie qui vous êtes. Cela se traduit en une caractéristique, à savoir votre Comportement Sphère.

Fait intéressant, cette caractéristique peut s'interpréter de manière à la fois positive et négative. Sachez que tout le monde commet des erreurs. Une mauvaise mise en pratique de votre Comportement Sphère vous apprend comment agir différemment et mieux. Pour cela, il faut toutefois pouvoir se regarder dans le miroir, s'évaluer et en tirer des enseignements.

Votre Comportement Sphère indique dans quelle Sphère vous êtes né, à savoir la Première, la Deuxième ou la Troisième. Il indique également comment il convient d'appliquer votre Code ADN chiffré. Ce Code-Chiffré sera expliqué plus en détail ultérieurement. La Sphère de votre naissance est signalée par le premier chiffre de votre Sphère Niveau. Ce point sera également expliqué ultérieurement.

Malgré toutes les années d'expérience accumulées sur Terre avec le Code ADN, le Comportement Sphère reste probablement le plus sous-estimé. Je vous vois souvent vous concentrer sur vos codes chiffrés et oublier de vous concentrer sur votre Comportement Sphère.

La mise en application du Comportement Sphère permet de déterminer comment bien mettre en application son Code ADN. C'est en quelque sorte la «partie pratique». Il s'agit de la manière dont vous appliquez votre Code pour en tirer des enseignements. Car gagner en sagesse signifie apprendre de ses expériences, pour faire ensuite de ces conclusions le fil conducteur de votre vie.

Quelles sont les caractéristiques typiques de la Première Sphère? Les personnes situées dans la Première Sphère accumulent les expériences. Mais elles se sentent souvent victime et rejettent la faute de ce qui leur arrive en dehors d'elles.

Elles hésitent à s'assumer. Cela s'apprend tout au long de la Première Sphère.

> **1e Sphère : Accumulez autant d'expériences que possible dans lesquelles mettre en application votre Code ADN et cherchez à comprendre. Votre mission consiste à accumuler. Attention, vous avez tendance à adopter une attitude démolissante.**

La Deuxième Sphère apprend faire la part des choses et à savoir ce qu'elle veut en fonction de son ressenti, elle apprend à séparer le grain de l'ivraie. Cela ne fonctionne pas toujours du premier coup. Cela s'apprend en tombant et en se relevant, en tirant des enseignements des erreurs commises.

Mais le but ultime d'une personne Deuxième Sphère est de déterminer grâce à son intuition ce qui lui correspond le plus et ce qui ne lui correspond pas. Elle est essentiellement tournée vers elle et ne voit au premier abord qu'un seul côté de la médaille.

J'ai précédemment fait le lien avec l'égoïsme de plus en plus présent au sein de la société. Vous le constatez tout autour de vous. Nombreux sont ceux qui ne savent plus que faire et y voient un déclin des valeurs antérieures. Ces valeurs antérieures sont le comportement de la Première Sphère, la docilité, l'ordre et surtout le fait ne pas poser de questions difficiles.

La Deuxième Sphère cherche à former sa propre opinion et n'accepte plus aveuglément ce qui est dit. Le nombre croissant de Deuxièmes Sphères change la société en profondeur.

Les jeunes osent davantage affirmer leur opinion. Les relations se brisent plus facilement puisque chacun fait primer sa propre opinion. La motivation baisse au travail également, car les Deuxièmes Sphères agissent avant tout pour elles-mêmes et non pas pour un employeur. Le comportement typique de la Deuxième Sphère s'observe dans tous les domaines.

> **2e Sphère : Lorsque vous accumulez les expériences en lien avec votre Code ADN, faites la distinction par considération sentimentale entre ce qui vous correspond et ce qui ne vous correspond pas et agissez ensuite conformément à ces conclusions, sans quoi les connaissances acquises seront inutiles. Votre mission consiste à faire la part des choses et à agir en fonction. Attention, vous avez tendance à dissimuler les choses.**

Les Troisièmes Sphères se reconnaissent souvent à leur paix intérieure, leur considération, leur bienveillance. Ce sont souvent des êtres insaisissables.

Elles voient les deux côtés de la médaille à la fois, contrairement aux Deuxièmes Sphères. Ces dernières peuvent parfaitement comprendre l'autre côté, mais ne le font pas au même moment car cela leur coûte du temps et de l'énergie.

Une personne Troisième Sphère, par contre, a cette capacité. Cela lui permet de mieux percevoir, de cerner plus rapidement la situation.

Elle se positionne donc différemment dans la vie. Elle peut agir en fonction de ce savoir, en tenant compte ou non d'autrui.

La Troisième Sphère veut enfin s'élever. Elle veut faire le bien pour elle et son prochain. Elle offre librement ses connaissances à cet effet.

Soyons clair, les personnes situées dans la Troisième Sphère ne sont pas parfaites et commettent également des erreurs pour apprendre. L'élévation est un jeu subtil. La tendance à vouloir convaincre les autres est omniprésente. Comme elles voient davantage que les autres, elles peuvent aussi être frustrées que les autres aient besoin de plus de temps et ne voient pas ce qui pour elles est une évidence.

> **3e Sphère:** Faites preuve de discernement en mettant en application votre Code ADN et efforcez-vous ce faisant d'apporter quelque chose à l'autre. Vous offrez vos connaissances à l'autre afin que tout le monde s'en porte mieux. Votre mission consiste à vous élever tout en offrant librement vos connaissances à l'autre. Attention, vous avez tendance à humilier les autres.

L'influence du Comportement Sphère sur les relations et la collaboration est passionnante. J'aborderai ce thème dans le chapitre consacré à la Mission Relation mais n'hésitez pas à vous pencher sur la question dès à présent. Cela vous donnera une idée plus claire de l'importance du Comportement Sphère. C'est parti.

La Troisième Sphère est la plus facile à vivre. La personne voit les deux côtés de la médaille et sait dès lors relativiser. Elle s'inquiète moins rapidement grâce à ses connaissances. Elle cerne mieux les situations.

Une Deuxième Sphère trouvera une Troisième Sphère passionnante, mais celle-ci la mettra aussi mal à l'aise. Elle n'arrive pas à cerner la Troisième Sphère, qui sait souvent mieux comment agir car elle a une meilleure vue sur la situation. La Deuxième Sphère n'apprécie pas cela.

La Deuxième Sphère a souvent du mal face à une Première Sphère. Elle a du mal à accepter que certains ne s'assument pas, ne développent pas leur vision propre. Elle ne voit par ailleurs qu'un côté de la médaille et c'est le sien qu'elle voit. Elle peut toutefois se mettre à la place de l'autre, mais cela lui demande un effort certain.

Une Deuxième Sphère se sentira mieux avec une autre Deuxième Sphère. Une Première Sphère aura tendance à se raccrocher à la Deuxième Sphère. Cela donne souvent à la Deuxième Sphère une sensation de malaise, comme si on tentait de lui voler sa liberté.

On peut donc dire que le Comportement Sphère est instructif à deux égards: à propos de soi, mais aussi à propos du rapport avec les autres.

Cela signifie-t-il qu'il vaut mieux avoir une relation avec une personne de la même Sphère ? Peut-être, mais pas nécessairement.

Attention à ne pas limiter votre interprétation à une seule caractéristique. Votre Code ADN forme un tout et c'est cet ensemble qui doit vous correspondre ou non. Ne décidez jamais de ce qui vous correspond le mieux en fonction d'une seule caractéristique. Ecoutez votre ressenti, il reste votre meilleur arbitre. Elle rend une image exhaustive de la situation. Votre Code ADN explique sans aucun doute les accrocs éventuels dans vos relations ou collaborations.

Apprendre à gérer tout cela fait également partie de la progression de votre sagesse. Il est essentiel de laisser l'autre être ce qui il est. L'acceptation est la base de la spiritualité: accepter qui vous êtes et qui l'autre est également.

Vous pourriez vous demander si cette classification en Sphères ne crée par un système de classes, où l'un est meilleur que l'autre. C'est effectivement une possibilité. Mais tout le monde a une valeur identique, seule la sagesse accumulée fait la différence.

Je préfère personnellement une Première Sphère «sincère» à une Troisième Sphère «fausse», car il y en a aussi. Votre Comportement Sphère est révélateur de votre niveau de sagesse, mais il ne dit rien sur la mise en pratique de cette sagesse dans vos actes. La stupidité, cela consiste d'ailleurs à ne pas mettre son savoir en pratique.

En substance, le Comportement Sphère vous apprend les choses suivantes, qui valent en réalité pour tous:

Déterminez pour vous-même ce qui vous correspond et ce qui ne vous correspond pas. Cela vaut sur le plan matériel et relationnel:

Agir avec discernement pour emprunter sa Voie judicieusement.

Agissez toujours dans le respect de ce que vous avez appris:

Il est bon de savoir et de ne pas oublier.

Laissez l'autre libre, n'exercez aucune contrainte et soyez sélectif lorsque vous proposez votre sagesse:

Les perles aux cochons vous fait dépérir votre soi.

Le Comportement Sphère est la base de votre Code ADN, gardez-le donc toujours bien à l'esprit. Mais comment cela fonctionne-t-il? C'est une question de conscience. Au début, vous êtes inconscient et ignorez tout du Comportement Sphère. Ensuite, il est difficile d'en tenir compte. Ce n'est possible que si vous écoutez attentivement votre intuition.

Une fois éveillée votre conscience, il faut avoir la volonté de la maintenir éveillée. Cela ne va pas toujours de soi. Mais en y travaillant régulièrement, vous développez cette capacité et êtes en mesure de la mettre en application, sans effort.

Cela vaut en fait pour l'ensemble des caractéristiques de l'Âme: vous passez de l'état d'incapacité inconsciente à celui de l'incapacité consciente, pour ensuite développer une capacité consciente et enfin une capacité supraconsciente.

C'est un peu comme apprendre à conduire: après un certain temps, on peut aussi passer en pilote automatique. Qui néglige ses compétences, en subit rapidement les conséquences. Cela vaut également pour les caractéristiques de l'Âme.

Pour conclure ce chapitre, n'oubliez pas que l'autre se trouve à un stade de sa Voie différent du vôtre et que ses caractéristiques sont elles aussi différentes des vôtres. C'est ce qui crée une belle diversité et ajoute de la couleur dans le monde.

Accepter l'autre est et reste la base de la vie en société. Concentrez-vous avant tout sur votre propre Voie, n'essayez pas de changer l'autre. C'est voué à l'échec. Sachez que votre environnement changera à mesure que vous changerez. Mais je reviendrai sur ce point.

Le Profil de Base: Chercheurs et Trouveurs

Au début de chaque vie, quand vous réincarnez depuis le Monde des Esprits, vous faites des choix. Vous choisissez les caractéristiques que vous voulez approfondir pendant cette vie. Le Profil de Base est un de ces choix. Vous avez que deux options, vous venez tant que Chercheur ou tant que Trouveur. Ceci vous permet d'apprendre à vivre avec ces deux caractéristiques. Ainsi vous gagnez en sagesse au travers de ces deux positions et élargissez le champ de vos expériences.

Voici les grandes lignes du Profil de Base:

Le Trouveur est une personne rectiligne, il va vers son objectif et ne discerne qu'une seule voie. Il n'analyse aucune autre possibilité et cherche la clarté. Cela le pousse à agir sans poser trop de questions.

Le Chercheur, lui, souhaite analyser les possibilités, évaluer différentes options. Il est surtout motivé par la recherche d'une manière d'arriver à ses fins, plus que par l'aboutissement de sa quête.

Les Chercheurs s'entendent bien entre eux. Le Piège reste toutefois qu'ils ont tendance à beaucoup étudier la chose et à ne pas agir. Le Trouveur, lui, ne comprend pas pourquoi il faudrait faire autant de recherches et souhaite avant tout agir. Pas de parole, mais des actes, telle est sa devise. Allez droit au but, sans détour.

Le Trouveur: Se concentre sur le résultat pour améliorer la situation, tout effort consenti doit présenter un avantage personnel. Peut être qualifié d'expert, il souhaite accroître.

Le Chercheur: Cherche avant tout à repousser les limites, à comprendre et à élargir son horizon, il anticipe, a une vision. Peut être qualifié de généraliste, il souhaite s'améliorer.

Peut-être reconnaissez-vous ces caractéristiques en vous ou chez les autres. Cela explique pourquoi il y a souvent des malentendus entre vous.

Ces caractéristiques créent des pièges éventuels pour les relations ou la collaboration. En tenant compte les uns des autres, il est possible de manier ce vice.

Un Trouveur trouvera l'attitude du Chercheur démotivante. Il souhaite atteindre son but et non pas analyser la question.

Le Chercheur trouve justement sa satisfaction dans la recherche. Au travail, les Chercheurs refusent bien souvent l'autorité d'un Trouveur.

L'intérêt porté à la récompense est une autre conséquence de cette caractéristique. Cela fonctionne à merveille pour le Trouveur, c'est pour lui une grande source de motivation.

Le Chercheur, lui, apprécie la récompense, mais il la prend rapidement pour acquise, comme une normalité, une appréciation logique, qui va de soi. Cela ne le motivera pas. Il ne se démènera pas davantage dans l'espoir d'une récompense.

Cette caractéristique est également prépondérante dans les relations. Surtout dans la cohabitation entre Chercheurs et Trouveurs. La clé de la relation est alors l'acceptation mutuelle.

Le Chercheur approche en effet les choses simples d'une manière totalement différente du Trouveur. C'est là une source de conflit et surtout d'incompréhension. Cela peut créer énormément de frustration. L'acceptation de l'autre tel qu'il est, est donc cruciale.

Que se passe-t-il si le fait d'accepter l'autre tel qu'il est est pour vous un pas de trop, si c'est pour vous une limite que vous refusez de dépasser? La question essentielle est alors: votre partenaire (ou votre emploi) correspond-t-il à votre Âme? Vous verrez plus loin comment répondre à cette question.

Mais autant déjà vous le dire, si vous ne pouvez pas l'accepter, tirez-en vos propres conclusions et partez, allez-vous en. Ne vivez pas frustré, cela vous rendra malheureux. Ressentez donc où est la limite. Accepter ne veut pas dire refouler. Le tout est de ressentir. Je le rappelle, c'est le langage de l'Âme.

Un autre point important à propos des Trouveurs. J'y reviendrai encore dans le Code Evolution. Mais je peux déjà vous dire que le fait d'être Trouveur est la seule caractéristique de votre Code ADN qui puisse encore changer.

Moyennant un effort certain, il est possible pour un Trouveur de devenir un Chercheur. Ce n'est toutefois possible que si, en tant que Trouveur, vous en faites délibérément le choix et travaillez sur vous-même.

Force est de constater que la grande majorité des personnes conscientes intéressées par la spiritualité sont des Chercheurs. Cela correspond à la caractéristique qui consiste à se chercher soi.

Les Types: l'Acteur, le Ressenteur, le Penseur

Les Types sont la troisième partie de votre Code ADN. C'est là une caractéristique extrêmement importante, très facile à identifier. Elle explique souvent la gestion de vous-même et des autres. Partez du principe qu'il est presque indispensable de tenir compte de cette caractéristique. Et ce afin de ne pas se retrouver dans le pétrin mais aussi pour pouvoir comprendre l'autre.

Comme pour le Profil de Base, vous changez de Type à chaque vie pour la même raison, grandir en sagesse à partir de différentes positions. Alternativement vous êtes Acteur, Ressenteur ou Penseur et l'un d'eux vous correspond actuellement.

> **L'Acteur:** Il se concentre sur la réalité, est axé sur l'action et le résultat, souhaite créer et entreprendre dans la pratique sur la base de concepts tangibles.

> **Le Ressenteur:** Il cerne rapidement les situations et accorde une grande importance aux émotions, ajoute une touche de sentiment à l'ensemble, est empathique, aspire à une collaboration harmonieuse.

> **Le Penseur:** Il vise la connaissance et la compréhension, est à la recherche du pourquoi, a besoin de communication et d'échanges, se laisse guider par sa pensée.

Il faut en plus savoir que chaque Type Agit, Ressent et Pense, et que tout cela doit toujours se produire dans cet ordre. Ainsi naît le Cycle des Types.

Le parcours intégral de ce cercle permet une expérience totale. Ainsi vous continuez à vivre et ceci forme la base de bien ressentir et de comprendre les choses. Aussi l'application de ces Types est-elle cruciale.

L'ordre d'application de ces Types est fixe: penser – agir – ressentir - penser – agir – ressentir ...

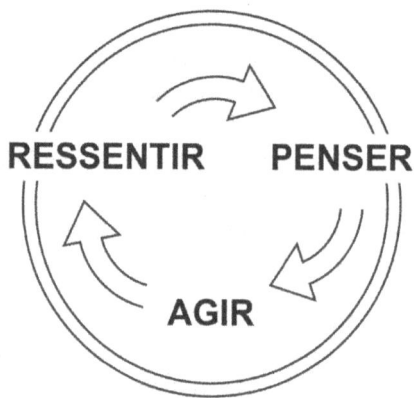

Vous effectuez ce cercle plusieurs fois par jour. Votre Type indique où commence pour vous le cycle lorsque vous vivez une expérience. Cet élément est lui aussi crucial. Le Penseur commence par penser, le Ressenteur par ressentir, l'Acteur par agir.

Si le Ressenteur commence par réfléchir sans avoir au préalable ressenti, il aboutira presque invariablement à une mauvaise conclusion. Et cela vaut pour chaque Type.

Le Cycle des Types est le fondement d'un mode de discernement basé sur les sentiments, le ressenti, une part essentielle de la découverte de la Voie de votre Âme. Comment alors cela fonctionne-t-il?

Le principe fondamental de ce cercle consiste à commencer par votre Type, jusqu'à ce que vous éprouviez un sentiment. A partir de là, cela fonctionne comme suit:

Dès que vous éprouvez un sentiment, l'étape suivante consiste à réfléchir à ce sentiment. Cela vous fera aboutir à une conclusion, qui vous incitera à agir. En agissant, vous éprouverez à nouveau un sentiment. Appelez cela un «sentiment final».

Si le sentiment éprouvé est agréable, vous avez agi comme il faut. S'il est désagréable, vous avez tiré une mauvaise conclusion et agi de manière fausse.

Intéressant, non? Vos sentiments sont une boussole! Cela peut paraître évident, mais cela tourne souvent mal. Réfléchir à ses sentiments est une mission complexe pour de nombreuses personnes. Cela demande de l'entraînement, et il convient surtout d'être conscient.

Une autre erreur courante consiste à rester coincé dans la réflexion, à réfléchir pendant des heures, voire des nuits entières, sans pouvoir en sortir. La solution est simple: agissez. C'est la seule manière de ressentir et de pouvoir aller de l'avant. Le cercle vous indique toujours quelle devrait être pour vous l'étape suivante.

Un autre piège consiste à alterner entre le ressenti à la réflexion sans agir. Cela mène également à de mauvaises conclusions.

Je souhaite néanmoins surtout insister sur le fait que votre Type définit votre manière d'agir. Le Penseur veut avant tout parler et comprendre de quoi il ressort. Un Ressenteur veut avant tout voir ce que cela lui fait et l'Acteur veut tout de suite suivre sa première impulsion et agir.

Si vous ignorez le Type de votre partenaire, de vos enfants ou encore de vos collègues, cela peut créer des malentendus. Un Penseur ne comprend pas pourquoi un Ressenteur a besoin de temps avant de pouvoir réagir et un Acteur ne comprend pas pourquoi les autres Types n'agissent pas sur-le-champ.

Pour pouvoir vivre sereinement les uns avec les autres, il faut avant tout comprendre le Type des autres et accepter leur fonctionnement. Laissez au Ressenteur le temps de cerner une situation et ne lui demandez pas de réagir sur-le-champ. Laissez l'Acteur suivre son premier instinct car cela lui permettra de savoir comment gérer au mieux la situation et laissez le Penseur donner libre cours à ses pensées, il en tire sa motivation.

Nous pouvons tous identifier cette caractéristique. Bien

souvent, elle n'est hélas pas prise en considération. Tous partent du principe que l'autre est comme lui. On s'attend à un mode de fonctionnement unique, mais bien souvent cela ne marche pas. C'est source de frustrations, qui peuvent se créer ensuite bien des problèmes. Maintenant que vous le savez, vous pouvez en tenir compte.

Sachez que tout au long de la découverte de la Voie de votre Âme, vous apprendrez à faire comme les autres Types. L'association de la pensée, de l'action et du ressenti offre une expérience totale. La conclusion que vous en tirerez alimentera vos connaissances et votre sagesse. Ainsi se forme la conscience.

Cette conscience, la somme de vos expériences, pourra vous servir de repère dans une situation à venir similaire. Votre conscience ou intuition vous dictera immédiatement comment aborder au mieux la situation.

La clé de la quête de soi est le ressenti, tel est le langage de l'Âme. Sur le moment, vous apprenez donc à ressentir ce qu'une chose vous fait. Réfléchissez au sentiment éprouvé, à ce qu'il vous raconte et laissez cette conclusion déterminer votre action. Vous trouverez ainsi toujours votre Voie.

Vous avez du mal à ressentir? Demandez-vous alors «Qu'est-ce que cela me fait, comment est-ce que je me sens?» Si cela ne fonctionne pas, commencez par parler de votre expérience. Plus vous en parlez, plus votre ressenti se précisera.

La Méditation

Permettez-moi une légère digression. Je souhaite aborder dans ce chapitre la méditation. Ce sujet peut sembler ne pas avoir sa place ici, mais il n'en est rien. Vous le découvrirez rapidement.

La méditation renvoie à l'image d'une personne assise en tailleur, les mains posées sur les genoux, pouce contre index, qui s'efforce de repousser la moindre pensée pour tenter de trouver le repos. C'est la vision orientale de la méditation. Mais ce type de méditation ne vous correspond pas nécessairement.

Méditer consiste à vous tourner vers vous-même et vers le Monde des Esprits. C'est un acte très individuel, que chacun développe à sa manière. Votre Type est déterminant à cet égard, d'où cette digression.

L'importance de la méditation n'est pas à sous-estimer. Je ne peux que vous conseiller d'y consacrer du temps chaque jour. C'est là une part essentielle de la découverte de la Voie de votre Âme.

Car que fait-on lors de la méditation? On se tourne vers son soi intérieur, pour comprendre, laisser décanter les expériences vécues, pour activer sa conscience, trouver des réponses.

Lorsque l'on médite, on respire par le ventre et on se tourne vers son soi intérieur. On se ferme aux stimuli extérieurs. La première étape consiste à prendre conscience de son Âme. Le ventre est le siège de l'Âme. Elle loge près de l'estomac, sur le Plexus Solaire. Suivre son ressenti, cette sensation qui prend au ventre, cela signifie écouter et agir en phase avec son Âme!

La méditation, c'est par définition se placer dans le moment présent, ici et maintenant, prendre conscience de la réalité, avoir les deux pieds sur terre.

Il faut avant tout accepter la réalité. Vous risquez bien

souvent de laisser aller votre imagination, des illusions, de partir dans un délire de la raison. Tout cela n'a rien à voir avec la méditation.

Pour méditer, il vous faut un endroit à vous, où vous ne serez pas dérangé. Une douce musique de fond, une bougie, de l'encens peuvent aider. Cela peut créer une ambiance chaleureuse propice pour vous trouver vous-même. Mais ce n'est absolument pas indispensable. Tout dépend de votre Type.

L'idéal pour le Ressenteur est une ambiance décontractée. Pour lui, la méditation consiste à se reposer sans réfléchir. C'est une condition sine qua non pour que le Ressenteur puisse se sentir bien dans sa peau.

L'avantage de la méditation pour le Ressenteur est qu'elle lui permet, de par le repos, d'éclaircir la situation, de lui faire comprendre les choses. Après le temps de repos nécessaire, tout ce qui l'occupe s'éclaire soudainement, tout à coup, comme venu de nulle part.

Le Ressenteur peut ainsi réfléchir au calme à ce propos. La boucle est bouclée, en quelque sorte: se reposer c'est ressentir, ce qui donne vie à une pensée, qui détermine l'action.

Pour l'Acteur, la méditation au calme ne fonctionne pas du tout. Ce n'est pas une règle générale, évidemment, et l'Acteur peut tirer grande satisfaction du repos. Mais votre Type détermine votre être.

Si vous êtes un Acteur, la meilleure manière de méditer consiste à vous occuper tout en réfléchissant. Cela peut se faire pendant une action que vous faites en pilote automatique, comme le repassage ou le bricolage.

Agir vous met dans un état d'esprit propice à la réflexion. Des dizaines de pensées font alors surface. Les choses s'éclaircissent pour vous de cette manière.

La méditation du Penseur est une évaluation réflexive. Les Penseurs ont toutes les peines du monde à méditer comme le font les Ressenteurs, cela les frustre. La conclusion pour eux pourrait être que la méditation ne leur correspond pas.

Le Penseur reste un Penseur et sa méditation commence donc aussi par ses propres pensées. Il entame ainsi une sorte de dialogue, une conversation avec lui-même. Une question amène alors une réponse, et le Penseur comprend.

La méditation en fonction de votre Type:

- **Acteurs: songer tout en agissant**
- **Ressenteurs: repos sans pensées**
- **Penseurs: évaluation réflexive**

Un dernier mot sur la méditation. Entrez en contact avec le Monde des Esprits lors de la méditation. C'est une attitude consciente, par laquelle vous vous ouvrez au lien avec votre accompagnateur. Je ne peux en détailler le fonctionnement ici. Vous devrez l'apprendre par vous-même, par la pratique. Mais une fois que vous maîtriserez ce procédé, il sera un outil supplémentaire pour acquérir les connaissances nécessaires.

Comment savoir si vous êtes en contact avec votre accompagnateur? Vous le sentirez. Un sourire sur votre visage, un sentiment de paix intérieure, ce sont autant de signes de cette liaison. Dès que vous ressentirez cela, commencera alors votre méditation. Un quart d'heure de méditation suffit.

Vous pouvez alors entamer un dialogue avec votre accompagnateur et faire usage de vos connaissances. Peut-être douterez-vous de la source des réponses apportées lors de votre dialogue intérieur. Est-ce que tout cela n'est pas le fruit de mon imagination? Peu importe de qui viennent les réponses, que ce soit du Monde des Esprits ou de votre propre sagesse. Nous sommes tous une part de l'Ensemble Supérieur et nous ne sommes donc qu'un.

Enfin, l'exercice de la méditation vous apprend à être méditatif. Qu'est-ce que cela signifie? Voyez cela comme un mode de vie, grâce auquel vous êtes de moins en moins inconscient, au travers duquel vous êtes de plus en plus pleinement conscient de la réalité. Ce processus est source de réflexion. Vous vous demandez automatiquement ce que cela vous fait, pourquoi cela vous arrive, ce que vous pouvez en retirer. Vous apprenez ainsi également à accepter la réalité.

Attention, votre pensée elle aussi peut vous pousser à exagérer cette attitude. Cela n'a alors plus rien à voir avec l'état méditatif. Il s'agit ici de suivre votre intuition, votre ressenti et non la raison.

A nouveau, tout est question d'entraînement.

Le Code Naissance

Nous en venons enfin aux codes chiffrés. Dans l'introduction, j'ai subdivisé la croissance de l'Âme en 21 étapes. A chaque étape est associé un Code-Chiffré, de même que toutes les caractéristiques y afférentes.

Le Code Naissance n'est pas une chose facile à expliquer. La théorie ne se comprend qu'au travers de la pratique. Votre expérience vous permet de comprendre l'ensemble.

Il m'est impossible de détailler ici le Code Naissance de tout le monde. C'est pourquoi je présenterai une partie théorique, et vous devrez vous accrocher. Si vous lisez ce qui suit muni de votre propre Code, tout cela prendra tout son sens, et si vous avez déjà un rien d'expérience avec ce code, cela vous sera très instructif.

Votre Code Naissance se compose de 4 combinaisons de chiffres, chacun représentant l'une des 21 étapes susmentionnées. Chacune de ces caractéristiques présente des spécificités, qui définissent à leur tour votre authenticité.

Chacune de ces caractéristiques est associée à une description (+) et (-). Le côté positif indique comment bien mettre le Code en application. Le côté négatif est l'expression d'une interprétation excessive ou insuffisante de cette même caractéristique.

Le côté (-) de la caractéristique est en quelque sorte une mauvaise interprétation, l'exagération ou la sous-estimation. Mais l'erreur est une notion relative. Tout le monde commet des erreurs et c'est parfaitement normal. Cela fait partie du processus d'apprentissage. Pas d'apprentissage sans erreur.

Lorsque vous appliquez votre Code tantôt de manière exagérée, tantôt de manière insuffisante, vous expérimentez les extrêmes de votre Code et apprendrez ainsi à trouver un juste milieu. Du moins, si vous êtes conscient de vos actes.

Votre Code est donc un guide particulièrement utile. Vous y

trouvez une référence à laquelle mesurer vos propres actes et déterminer si vous avez trouvé le juste équilibre. Ce n'est d'ailleurs pas une démarche unique. Vous cherchez à être en phase avec votre authenticité dans toutes les situations, dans toutes les circonstances. Il vous faut donc apprendre à maîtriser 1000 facettes de votre Code, et cela ne se fera donc pas du jour au lendemain.

Permettez-moi de vous expliquer ce Code plus en détail à présent. Votre Code Naissance est assorti d'une série d'appellations: Sphère Niveau, Stade Phase, Piège et Justicier. L'exemple suivant illustre le fonctionnement de ces notions. Supposons que votre Code Naissance soit 2.2/2.6 - 1.7/3.4. Cela signifie ce qui suit:

- Sphère Niveau 2.2 – apprécier ce que l'on a et développer sa propre valeur: apprenez à vous servir du sentiment dégagé par votre Âme pour bien apprécier la valeur (propre);

- Stade Phase 2.6 – rechercher: apprenez à analyser sous tous les angles le sentiment dégagé par votre Âme à tous les égards afin d'en tirer une conclusion;

- Piège 1.7 - renoncer: apprenez à utiliser le sentiment dégagé par votre Âme pour renoncer à ce en quoi vous ne croyez pas ou ce à quoi vous ne vous fiez pas;

- Justicier 3.4 - faire preuve de compréhension: apprenez à faire preuve de compréhension pour soi-même (et l'autre) en fonction du sentiment dégagé par votre Âme.

Pour rappel, le premier chiffre de votre Sphère Niveau, renvoie au Comportement Sphère. Dans notre exemple (2.2), vous êtes né en tant que Deuxième Sphère. Je vous ai déjà expliqué ce que cela signifiait.

Les caractéristiques de votre Code Naissance déterminent la mission de votre Âme. Dans cette vie, vous souhaitez apprendre à mettre votre Code en pratique. Votre objectif final est de maîtriser parfaitement votre Sphère Niveau. La mission de votre Âme consiste à apprendre à connaître toutes les facettes de cette caractéristique. Cela détermine vos actes, ce qui vous motive, comment vous pouvez vous sentir bien dans votre peau.

Le chiffre principal du Code de Naissance est celui du Sphère Niveau. Il est le fil rouge dans votre vie. Le Stade Phase et le Justicier sont les talents que vous développez pour apprendre à bien mettre en application le Sphère Niveau. Tout cela prendra tout son sens dans le chapitre suivant, le Code Âge.

L'interprétation de ce Code est assez individuelle. C'est la raison pour laquelle je citerai que quelques phrases pour décrire cette caractéristique.

Voyez comment vous agissez dans une situation déterminée. Pensez à un exemple d'un déroulement juste et d'un déroulement fautif.

Comparez donc la description générale de cette caractéristique à vos propres actes. Vous découvrirez ainsi comment vous appliquez votre caractéristique et apprendrez sans aucun doute des choses à votre sujet.

Pour chacun des Codes, vous accumulez des expériences pour savoir ce qui vous correspond. Vous apprenez donc par la pratique, en vous penchant sur vos expériences et votre ressenti pour arriver à une clarté envers vous-même.

Ceci n'est pas évident. Le Code des autres a toujours l'air plus simple. Votre propre Code vous semblera toujours le plus compliqué de tous. Cette impression est notamment liée au fait que vous prenez trop peu le temps de vous pencher sur vous-même pour avoir une idée claire à votre sujet. Vous voyez l'autre avec du recul et l'observation est alors plus claire.

L'astuce consiste à faire de même pour vous. Observez vos propres actes. Jetez un regard neutre sur vous-même et sortez à ce propos de vous-même. Cela peut sembler étrange, mais cela fonctionne.

Imaginons la comparaison suivante: lorsque vous êtes assis

dans un fauteuil, vous ne pouvez rien en faire, vous ne pouvez pas le déplacer, le nettoyer, le retourner, l'observer. Mais dès que vous vous levez, vous avez une meilleure vue de ce fauteuil et vous pouvez en faire quelque chose. Il faut pour cela sortir du fauteuil.

Pour mieux apprendre à vous connaître, sortez donc de vous-même. Vous aurez une meilleure vue et vous prendrez conscience de ce que vous pouvez améliorer.

Revenons-en à présent au Code. Passons-le brièvement en revue. Je présente chaque Code dans les grandes lignes afin de vous donner une première idée de ce dont il est question. Tout cela complète à merveille les Codes repris en fin d'ouvrage. Vous y trouverez les côtés (+) et (-) de chaque Code.

Il se peut que vous saturiez à la lecture de tous ces Codes. Quoi qu'il en soit, il est impossible de tout traiter en une fois. Voyez-y plutôt une documentation de référence à laquelle revenir lorsque vous êtes coincé avec votre propre Code, ou lorsque vous souhaitez mieux comprendre le Code de quelqu'un.

Je tiens malgré tout à vous présenter ici ce récapitulatif. Il offre une vue globale des différentes caractéristiques et de leurs dissemblances.

SYNTHESE DES CODES CHIFFRES:

1.1 Entamer: Vous apprenez à faire face, à vous prendre en main. Cela demande de la volonté pour atteindre votre but. Ne restez donc pas les bras croisés. Votre plus grande erreur serait de ne rien faire. Alors agissez, même si vous n'êtes pas certain de la justesse de votre approche. Vous le découvrirez ce faisant. En effet, agir permet de ressentir et ressentir permet de comprendre.

1.2 Tenir bon: Vous apprendrez à persévérer et en ne renonçant pas trop vite. Si vous persistez suffisamment, vous découvrirez si une chose vous correspond. Votre plus grande erreur est de vous enliser dans votre entêtement ou de renoncer trop vite.

1.3 Oser la confrontation: Vous apprenez à entrer en confrontation avec vous-même et aussi avec les autres. C'est indispensable pour pouvoir défendre vos propres intérêts. Vous vous prenez en main, de manière ferme s'il le faut, et c'est là aussi une confrontation avec vous-même car vous ignorez si la dureté de votre position est justifiée. Vous le découvrirez tout au long de cette confrontation. Votre plus grande erreur est de refuser la confrontation car vous n'apprendrez rien sans cela.

1.4 Semer et laisser pousser (se multiplier): Vous apprenez à faire preuve de patience, à semer une graine, à la choyer et à lui donner le temps de pousser. Vous apprenez à comprendre que laisser le temps aux choses en nourrissant, permet d'obtenir les meilleurs résultats. L'impatience est votre plus grande erreur.

1.5 Oser commettre des erreurs: Vous apprenez à surmonter votre peur de commettre des erreurs. Vous êtes de nature plutôt hésitante, car cela peut toujours mal tourner. Or vous ne pouvez le savoir qu'après avoir essayé. Alors osez, lancez-vous. Si vous vous trompez, tirez-en un enseignement. Si vous avez vu juste, tant mieux.

1.6 Subir des émotions: Vous apprenez à subir des émotions, dont l'angoisse. Cela demande beaucoup de courage. Mais sachez que si vous ressentez de l'angoisse, vous êtes sur la bonne voie. Si vous laissez libre cours à vos émotions, et donc aussi à la peur, elles disparaitront et vous en viendrez alors à l'essentiel. Ne fuyez donc pas face à vos angoisses et évitez de les intellectualiser.

1.7 Renoncer à ce qui ne vous correspond pas: Vos expériences vous apprennent ce qui vous correspond ou non. Vous faites chaque fois face à la même question: est-ce fiable? Dois-je m'y tenir ou au contraire y renoncer? La solution consiste à garder ce qui est fiable et à laisser partir le reste, tant les personnes que les choses.

2.1 Faire vos propres choix: *Vous apprenez à faire vos propres choix, à vous battre pour que ce que vous voulez. Cela ne fonctionne pas du premier coup, mais à force de faire vos propres choix, vous identifierez le choix intérieur de votre Âme. Vous devrez peut-être revoir vos conclusions à plusieurs reprises, jusqu'à ce que vous sentiez que ce choix vous correspond réellement. Une fois ce choix déterminé, tâchez de vous y tenir et restez cohérent. Votre plus grande erreur c'est de pêcher contre ceci.*

2.2 Apprécier ce que l'on a et développer sa valeur propre: *Tout au long de vos expériences, vous découvrez ce qui vous est réellement précieux et découvrez ainsi votre valeur propre. Votre échelle de valeur est une évaluation intérieure personnelle et vous apprenez à agir en fonction de vos conclusions. Votre plus grande erreur consiste à chercher votre valeur en dehors de vous et à la laisser dépendre de choses dont vous n'avez pas le contrôle.*

2.3 Ressentir et discerner par considération sentimentale: *Vous apprenez à ressentir des choses agréables et désagréables, à distinguer ce qui vous correspond, ce que vous désirez réellement. Vous apprenez que les sentiments désagréables ont eux aussi leur importance et vous apprennent des choses sur vous-même. Apprenez donc à profiter des sentiments agréables mais aussi des sentiments désagréables et tirez-en vos propres conclusions.*

2.4 Poser des limites: *Vous apprenez au travers de vos expériences où se situent vos limites par rapport au monde extérieur. Déterminez dès lors où se situe pour vous la limite et voyez si cela fonctionne. Si vous n'êtes pas à l'aise avec cette limite, repoussez-la jusqu'à ce qu'elle soit en harmonie avec votre for intérieur. Respectez aussi cette limite, car elle est la seule manière de vous respecter pleinement. Votre plus grande erreur est de laisser les autres définir cette limite ou de vouloir définir les limites pour les autres.*

2.5 Distinguer l'essentiel de l'accessoire: *Vous apprenez ce qui est réellement important pour vous ou non. En renonçant au superflu, vous vous sentez bien dans votre peau. Votre* plus grande erreur est de relativiser l'essentiel également.

2.6 Rechercher à partir de différents angles: Vous apprenez à aboutir à des conclusions en analysant une situation sous différents angles. Vous trouvez ainsi des réponses qui vous correspondent. Utiliser pour ceci la combinaison de «agir, ressentir et penser». Le résultat sera positif. Vous apprenez ainsi à agir de manière de plus en plus intuitive et à vous en tenir à ce que vous avez appris.

2.7 Renoncer à l'envie de s'imposer: Vous apprenez qu'il est inutile de vous imposer pour obtenir un résultat. Vous cherchez donc une manière plus sage d'agir que la contrainte, sans vous faire piétiner et tout en défendant vos intérêts. Sentez donc que ce besoin de vous imposer est une approche peu efficace, et renoncez-y.

3.1 Collaborer: Vous apprenez que la collaboration est une offre non contraignante, que l'autre peut accepter ou non. Vous apprenez par ailleurs à sentir avec qui vous souhaitez collaborer ou non. Lorsqu'une collaboration vous donne une impression positive, vous êtes en mesure de vous porter ainsi que l'autre à un niveau supérieur.

3.2 Partager: Vous apprenez à partager vos expériences et votre savoir. Vous vous rendez compte que cela vous rend meilleur et peut potentiellement être utile à l'autre. Vous découvrez quand ce partage a un sens et quand il est inutile. Vous apprenez cela en vous penchant sur vos expériences et en en tirant des conclusions.

3.3 Développer un équilibre intérieur: Vous apprenez à trouver un équilibre intérieur, entre votre côté féminin et votre côté masculin, entre la pensée et le ressenti. Vous apprenez également à le faire dans votre rapport avec les autres et souhaitez ainsi, si possible, vous porter ainsi que l'autre à un niveau supérieur. Vous vous efforcez ainsi de dépasser le côté terrestre et matériel et cherchez des expériences plus profondes.

3.4 Etre compréhensif: Vous apprenez à faire preuve de compréhension d'abord à votre égard et puis à celui de l'autre en vous penchant sur vos expériences. Vous découvrez ainsi ce pour quoi vous pouvez faire de preuve de compréhension ou non. Vous souhaitez vous montrer compréhensif envers les autres et vous porter ainsi que l'autre à un niveau supérieur.

3.5 Elever avec passion: Vous apprenez à agir avec passion et à porter ainsi l'autre et vous-même à un niveau supérieur. Au travers de vos expériences, vous découvrez ce qui vous passionne ou non. Cela vous permet de comprendre ce qui guide vos actions et aborde à des compréhensions selon lesquelles vous agissait.

3.6 Le savoir intérieur: Vous apprenez à utiliser votre savoir intérieur, votre intuition. En étant fidèle à votre intuition, vous avez la certitude de ce que vous souhaitez réellement ou non. Vous souhaitez ainsi également partager votre savoir, car cette expérience vous permet d'étendre votre sagesse et d'élever l'autre.

3.7 Le renoncement inconditionnel: Vous apprenez que poser des conditions est superflu et qu'agir avec amour ne se fait que sans poser d'exigences. Vous apprenez à vous rendre au moment afin de profiter un maximum du moment présent et ainsi vous élever ainsi que l'autre. Vous apprenez également à gérer vos pulsions et constatez qu'elles vous empêchent d'être réellement vous.

Vous pouvez également analyser votre Code en vous concentrant sur les deux chiffres individuellement. Ils ont d'ailleurs une signification propre et une analyse distincte vous apporte une perspective supplémentaire.

Vous apprenez de la sorte à comprendre la signification pour vous de votre code d'une autre manière et comment bien l'interpréter.

Tout comme le Code dans son ensemble, chaque chiffre a un côté (+), une interprétation correcte, et un côté (-), une approche erronée.

Voici la signification du premier chiffre de votre code:

1: (+) rassembler (-) démolir

2: (+) faire la part des choses (-) dissimuler

3: (+) élever (-) humilier

Voici la signification du deuxième chiffre de votre code:

1: (+) agir (-) tergiverser

2: (+) enrichir (-) appauvrir

3: (+) chaleur sentimentale (-) froideur sentimentale

4: (+) cordialité (-) sans cœur

5: (+) perfection (-) chaos

6: (+) intuition (-) approche normative

7: (+) confiance (-) méfiance

Vous trouverez de plus amples détails à ce sujet en fin d'ouvrage.

Sachez que vous essayez de faire ressortir le côté positif de ces chiffres et que vous pouvez commettre des erreurs pour l'un d'eux, voire les deux.

Cela donne une série de combinaisons. Pour en revenir au premier exemple, imaginez que votre code est 2.2: si vous interprétez mal les deux codes, peut-être dissimilez-vous quelque chose, vous faites une chose qui vous appauvrit ou vous vous nuisez à vous-même et le cachez.

Maintenant que vous avez une idée plus précise de votre Code, je voudrais aller un cran plus loin. Cette partie sera à nouveau assez longue et cela risque de vous prendre un certain temps. Sentez donc quand vous êtes prêt.

Prêt? Alors, c'est parti! Votre Code Naissance se compose de 4 caractéristiques, liées les unes aux autres.

Il faut savoir que lorsque vous commettez une erreur par rapport à votre Code Naissance, et donc par rapport à votre Âme, vous passez sans vous en rendre compte d'un code à l'autre et vous pouvez être certain que vous interprétez mal les caractéristiques.

Cette suite d'actions erronées explique vos modes de comportement. En vous penchant sur la question, vous apprenez à visualiser votre mode de fonctionnement lorsque vous commettez une erreur par rapport à votre Âme. C'est là une facette importante de la découverte de la Voie de votre Âme. Apprenez donc à vous voir clairement.

Si un acte n'est pas en phase avec votre Âme, cela se produit toujours dans une situation concrète. Si vous voulez apprendre quelque chose sur vous-même, vous devez partir d'un cas pratique. L'interprétation de votre Code Naissance est donc très contextuelle. Peut-être agissez-vous comme il faut au travail, mais pas dans votre relation, ou inversement.

Conclusion: ne formulez jamais une observation générale sur vous-même. Partez au contraire toujours d'un cas réel. La spiritualité se concrétise ainsi. C'est la seule bonne manière de vous regarder. Voici un exemple qui rendra tout cela plus clair.

Imaginons que votre code est le suivant: 2.2/2.6 - 1.7/3.4, comme dans l'exemple précédent. Appliquons ce Code à votre environnement de travail.

Supposons que vous n'agissiez pas en phase avec votre Âme et que, dans votre rapport avec votre employeur, vous commettiez une erreur par rapport à votre Sphère Niveau. Une application erronée pourrait signifier que vous n'avez pas vu la valeur de ce qui vous arrive, que vous vous êtes laissé prendre votre valeur, que vous ne vous rendez pas compte de ce qui a de la valeur pour vous, que vous agissez mal avec ce que vous possédez, que votre valeur propre dépends de l'autre. Ce ne sont là que quelques possibilités parmi d'autres.

Cette erreur à par rapport à votre Sphère Niveau risque également d'entraîner une mauvaise mise en pratique de votre Stade Phase. Comme une sorte d'angle mort dans lequel vous vous retrouvez sans le savoir.

La conscience de votre Stade Phase peut également vous aider à voir que vous n'agissez pas conformément à votre individualité. Il est toutefois plus probable que vous appliquiez mal ce Code également.

Dans notre exemple, il s'agit du chiffre 2.6. Il se peut que vous agissiez de manière fort normative, ou que vous adoptiez une approche très unilatérale de la situation. Si vous parvenez à bien mettre en pratique cette caractéristique, vous comprenez la situation et revenez les pieds sur terre. Autrement dit, avec une bonne mise en pratique de votre chiffre 2.6, vous prenez conscience de votre erreur au niveau de votre 2.2.

Si vous n'y parvenez pas, vous arrivez dans un Piège, le chiffre suivant de votre Code Naissance. Ceci implique toujours des désagréments et des revers, qui visent à vous signaler votre erreur.

En ce qui concerne le Comportement Piège, il est également difficile pour vous d'en prendre conscience. Votre entourage peut par exemple attirer votre attention sur ce fait et vous vous en rendrez compte par la suite. Pour en prendre conscience, vous devez prendre du recul, vous observer, analyser votre propre comportement tel un observateur neutre, comme mentionné plus haut.

Revenons-en à notre exemple: 1.7, apprendre à renoncer. Il se peut donc que vous vous accrochiez à des choses qui ne vous correspondent plus, ou que vous renonciez trop vite. Associez cela à votre expérience concrète. Une analyse théorique et abstraite ne vous apprendra rien.

En cas de revers, cela signifie que votre Piège vous pose des difficultés. C'est un signal dont vous pouvez prendre conscience.

Après l'interprétation erronée de votre Piège, vous arrivez à la caractéristique suivante, votre Justicier. Comme le dit son nom, cette caractéristique peut vous aider à sortir de votre Piège. Vous avez toutefois en premier lieu tendance à mal interpréter cette caractéristique également.

Dans notre exemple, le Justicier est 3.4, faire preuve de compréhension. Il se peut que vous ne vous montriez compréhensif qu'envers l'autre et pas envers vous-même. Vous vous effacez dans l'intérêt général.

Cette série d'interprétations erronées est si courante dans votre vie qu'elle crée une sorte de mode de comportement. Il s'agit souvent d'une combinaison de Piège et de Justicier.

Dans notre exemple, il s'agit de 1.7/3.4. Vous vous montrez peut-être trop compréhensif envers l'autre et ne distinguez plus ce qui vous correspond et ce qui ne vous correspond pas, vous vous attachez aux mauvaises choses. Vous pouvez également partir dans la direction opposée et vous accrocher à l'autre car vous ne faites preuve d'aucune compréhension envers vous-même.

La combinaison Piège et Justicier vous permet d'identifier chez vous un comportement factice. Vous développez ici des dizaines de variantes pour vous-même et ne vous voyez pas que ce n'est pas véritablement ce que vous êtes.

Je ne saurais trop insister sur ceci: il est essentiel d'apprendre à cerner vos actes. Le Code ADN de votre Âme est votre mode d'emploi pour apprendre à être véritablement authentique.

Toute un affaire, n'est-ce pas? Je vous conseille vraiment de relire ce qui précède, étape par étape.

Chaque phrase a son importance. Ne lisez pas trop rapidement, sans quoi le message ne passera pas. Or la partie suivante arrive et à nouveau une pour bien mâcher.

Comment sortir de ces mauvaises interprétations? Sachez déjà que chaque fois que vous tombez dans le code suivant, vous avez l'opportunité de rectifier le tir. Ce n'est toutefois pas chose aisée. C'est en forgeant qu'on devient forgeron, voilà la seule devise qui vaille. Et la prise de conscience est une condition sine qua non.

Il existe plusieurs façons de rompre avec cette série d'interprétations erronées et de revenir à votre Sphère Niveau.

- Option 1: Scindez les chiffres de votre Justicier. Comme je l'ai déjà dit, chaque code à deux chiffres peut être décomposé. Une analyse de voter situation à partir de chacune des significations correspondantes vous apportera bien souvent les bonnes réponses.

    Dans notre exemple, il s'agit des codes 3 (élever) et 4 (cordialité). Le 3 vous indique de ne pas vous effacer. Aider l'autre en vous humiliant n'est pas la bonne manière d'agir. Le 4 renvoie à votre manque de cordialité. Vous le constatez en vous demandant «Est-ce que je le souhaite du fond du cœur pour moi-même ou fais-je cela uniquement pour l'autre?» Analysez cela à l'aide d'une expérience concrète. Vous obtiendrez ainsi les bonnes réponses.

- Option 2: Utilisez le Code-Combiné. Dans notre exemple, il s'agit de 3.4, faire preuve de compréhension. Etes-vous suffisamment compréhensif envers vous-même dans cette situation? Si cela n'aide pas, faites le lien avec votre premier code.

    Cela signifie, dans notre exemple: «Fais-je suffisamment attention à la caractéristique 3.4 par rapport à la caractéristique 2.2?» Ou encore, en termes plus clairs: «Est-ce que je me montre suffisamment compréhensif par rapport à ce qui m'est précieux?».

- Option 3: Adaptez votre Stade Phase à la situation. Dans notre exemple, il s'agit de 2.6. Analysez l'événement sous plusieurs angles. Sachez que vous adaptez toujours, consciemment ou non, votre Stade Phase pour pouvoir sortir de votre Piège.

Je vous avais prévenu, ce n'est pas une mince affaire, cette série d'interprétations erronées. Un exemple concret issu de votre vécu pourra apporter de nombreux éclaircissements.

L'aide d'une personne familiarisée avec le Code ADN est souvent indispensable pour pouvoir bien comprendre ce concept. Une fois que vous connaissez le truc, vous pouvez facilement vous y mettre.

Je le répète, votre Piège est la plus grande source de problèmes. Vous connaissez des revers, et ceux-ci vous indiquent que vous faites fausse route. Vous pouvez aussi rester plus longtemps dans votre Piège, sans en être conscient. Avec toutes les conséquences qui en découlent. Je ne peux que répéter l'importance de la prise de conscience.

Cette expérience est souvent associée à un rôle de victime. Cela signifie en fait que vous rejeter en dehors de vous la responsabilité de ce qui vous arrive.

Or vous n'êtes jamais la victime. Dans les chapitres suivants, je reviendrai sur ce point. Vous êtes toujours responsable de ce qui vous arrive. C'est une sorte d'effet boomerang; ce qui vous arrive est le retour d'un boomerang que vous avez vous-même lancé.

Il est également passionnant de savoir que votre Piège indique lequel des 21 codes vous a posé le plus de difficultés dans vos vies antérieures. Vous recevez ce Piège afin d'y prêter plus d'attention et d'en pouvoir vivre les deux facettes.

Chaque caractéristique inclut une prise de conscience progressive. Vous apprenez ainsi toujours à découvrir des couches plus profondes et plus raffinées de l'expression de votre authenticité et de la manière dont vous la respectez. Par exemple, à 60 ans, vous agissez tout à fait différemment qu'à 45 ans. Vous apprenez pourtant à respecter la même caractéristique.

La conséquence de cette sagesse accumulée est le rétrécissement de votre Voie. Vous connaissez à présent une partie de cette Voie et savez comment agir. Cette Voie se rétrécit et vous en sortez aussi dès lors plus rapidement. Cela vous permet d'en apprendre encore davantage. Appelez ça un apprentissage progressif, une histoire sans fin.

Sachez tout de même que l'application correcte de votre Code vous donne un sentiment de satisfaction. Votre Âme aspire à cette expérience. Vous connaissez ainsi le Paradis sur Terre. En étant fidèle à vous-même et en agissant dans le respect des caractéristiques de votre Âme.

Les erreurs laissent un sentiment désagréable. Verbaliser ces sentiments permet souvent de préciser ce que vous vivez et vous permet de tirer les enseignements appropriés. Ressentir est d'ailleurs le langage de votre Âme.

Mais soyons clairs, votre Paradis sur Terre est fait de sensations à la agréables et désagréables. Toutes peuvent apporter satisfaction.

Les malentendus à ce propos sont légion. Les gens fuient souvent les expériences désagréables. Or elles font elles aussi partie intégrante de votre Voie. Verbaliser vos sentiments vous libère, je vous conseille de le faire. L'expérience vous donnera satisfaction.

Le but ultime de votre Code Naissance est d'acquérir des connaissances et d'agir en fonction. A mesure que vous apprenez à mieux vous connaître, vous savez comment cela fonctionne.

N'oubliez pas non plus d'adapter votre Comportement Sphère à votre Code. Recueillez, discernez, ou élevez vous-même ainsi que l'autre. Tout cela vous permet aussi de comprendre.

Voilà une présentation succincte de votre Code Naissance. Une foule d'informations qui vous accompagnent dans la découverte de la Voie de votre Âme. Une fois que vous en comprendrez le fonctionnement, vous éluciderez toute une série de problèmes personnels dans votre vie et disposerez d'outils pour mieux vous comprendre.

Le Code Âge

La Code Naissance présente une autre facette importante. L'application de votre Code suit une certaine chronologie, qui dépend de votre âge. Le terme «Code Âge» est donc parfaitement évocateur. Il reflète la manière dont la Voie de votre Âme se dévoile à vous tout au long de votre vie.

Enfant, vous vous attachez à l'application de votre Justicier. Soyons clair, c'est votre Âme qui veut apprendre à connaître le côté positif de cette caractéristique. L'expérience vous apprend le fonctionnement de cette caractéristique pour vous et en fait un premier talent. Ce talent vous sert d'ailleurs plus tard, pour sortir de votre Piège, comme je l'expliquais dans le chapitre précédent.

A partir de 12 ans, vous vous attachez à appliquer la caractéristique de votre Piège. Les adolescents ont ceci de particulier qu'ils veulent découvrir à la fois le côté positif et le côté négatif. Cela explique leur comportement parfois difficile à saisir. Un jour c'est blanc, le lendemain c'est noir. Mais cela correspond parfaitement à ce que l'Âme souhaite vivre. Cette expérience est indispensable pour un adolescent afin de tester les limites de l'acceptable. C'est une manière de trouver ses points de référence. Il en a besoin pour apprendre à évoluer en toute autonomie dans notre société.

Les parents le vivent mal et font tout pour garder leur enfant dans le droit chemin. Or cette réaction est très néfaste pour l'enfant. S'il ne se crée pas son propre cadre de référence, la vie n'en sera que plus compliquée pour lui.

Entre 18 et 36 ans, vous développez pour talent votre Stade Phase, à savoir le côté positif de cette caractéristique. A partir de 36 ans, l'accent est exclusivement placé sur le Sphère Niveau. Comme je l'ai déjà dit, il s'agit de votre but ultime, la mission de votre Âme.

Code Âge:

> - 0/12 ans: interprétation positive Justicier
> - 12/18 ans: interprétation positive et négative Piège
> - 18/36 ans: interprétation positive Stade Phase
> - Dès 36 ans: interprétation positive Sphère Niveau

Le Code Âge explique pourquoi les gens changent, pourquoi leur vision de la vie évolue. Cela peut être la base de nouveaux choix de vie. Certaines phases, comme 18 et 36 ans, marquent donc souvent des tournants. J'y reviendrai plus tard.

Mais que se passe-t-il si vous ne parvenez pas à bien mettre votre Code en application? Cela a-t-il des conséquences? Sachez que vous ne pouvez pas toujours bien mettre votre code en application et que votre apprentissage dépend justement de vos erreurs.

Appliquer votre Code correctement dans un seul domaine est déjà suffisant. En tant qu'enfant, si vous n'appliquez par exemple pas correctement votre Code à la maison mais que vous y parvenez à l'école ou au sein d'un mouvement de jeunesse, c'est bien aussi.

Si vous n'y parvenez dans aucun domaine, on parle alors de refus. Vous en êtes la source. Votre Code-Z vous permet de comprendre ce phénomène, et j'y reviendrai dans le chapitre suivant.

Je tiens malgré tout à vous exposer les conséquences d'une interprétation erronée de votre Code Âge. Si vous ne parvenez pas à appliquer le côté positif de votre Code en tant qu'enfant, adolescent ou jeune adulte, vous ratez des révélations cruciales.

Dès l'âge de 36 ans, vous devrez ainsi faire face à une série de revers. Ces revers vous permettent de comprendre. Les gens y voient souvent une punition de Dieu. C'est en partie vrai puisque chacun est une partie de Dieu. Vous êtes donc la source de ces revers et rejeter la cause en dehors de vous est une mauvaise réaction.

Vous êtes toujours la cause et la conséquence. Tout ce qui arrive est la conséquence de vos propres actes et permet de tirer des enseignements. Cela jette un tout autre éclairage sur ce qui vous arrive. Un revers est en réalité une opportunité. Tout est question de point de vue!

L'adolescent doit vivre les deux faces de son Code. S'il n'en vit que le côté positif, il se retrouvera dans le scénario décrit au paragraphe précédent. Les revers seront inévitables dès l'âge de 36 ans.

Si l'adolescent n'en applique que le côté négatif par contre, l'impact sera bien plus grand. Cela crée un comportement très négatif, l'adolescent s'oppose à tous, est pessimiste. Cela peut également entraîner des addictions, des problèmes d'alcool, de drogue, des tentatives de fuite de la société.

De plus, un comportement négatif attire le négatif. Cela entraine des conséquences non négligeables. Le monde est divisé en 3 groupes, les positifs, les neutres et les négatives. Faites votre choix!

Abstenez-vous toutefois de tirer des conclusions précoces. Les gens estiment souvent trop vite ne pas être parvenus à mettre leur Code en application. Vous avez une vision biaisée de vos capacités. Ne vous jugez donc pas trop vite, soyez réaliste. Si vous ne vous en sortez pas, demandez conseil à une personne spécialisée en la matière.

J'ai déjà expliqué comment on dégringole d'un code à un autre en cas d'applications erronées. Votre âge définit par quel Code commence votre série. Si vous n'avez pas encore 36 ans, par exemple, votre Sphère Niveau n'entre alors pas encore en ligne de compte. Vous agissez d'abord à l'encontre de votre Stade Phase, pour dégringoler ensuite dans votre Piège et vous interprétez mal votre Justicier. En conclusion, vous ne pouvez pas commettre d'erreur à l'encontre d'un Code qui ne correspond pas encore à votre âge.

Pour compléter l'histoire du Code Âge, il est utile de savoir que votre Sphère Niveau constitue le fil rouge de votre vie. Cela a l'air paradoxal, mais à tort. En tant qu'enfant, adolescent et jeune adulte, vous travaillez à votre Code Age et vous entraînez ainsi inconsciemment votre Sphère Niveau.

Quand vous atteignez l'âge de 36 ans, vous avez donc déjà inconsciemment acquis de l'expérience par rapport à ce Sphère Niveau et vous êtes directement à même de bien l'appliquer. Du moins si vous avez appliqué correctement votre Code Âge.

Vous savez désormais comment fonctionnent votre Code Naissance et votre Code Age. Cela vous permet de comprendre, de par votre pensée, comment le tout fonctionne. Mais l'intuition est tout aussi importante dans l'approche de votre Code.

Pour vous approprier une idée, vous devez la vivre. Si vous ne la ressentez pas, vous oublierez rapidement votre conclusion. Le ressenti vous permet de stocker l'expérience dans votre savoir. Votre science, votre savoir ou votre sagesse vous permet de savoir comment agir la fois suivante.

En fin de compte, il s'agit d'agir. Telle est la vraie spiritualité: gagner en sagesse et mettre en pratique les leçons tirées de la vie. Vous apprendrez petit à petit à connaître toutes les facettes de votre Code. Agir conformément à vous-même vous apporte au final un sentiment de satisfaction.

Sinon, la vie devient éreintante, vous vous démotivez. Bien souvent, vous rejetez là aussi la faute en dehors de vous. Tout cela ne fait que prouver que vous n'agissez pas dans le respect de votre authenticité. Voyez-y à nouveau un signal de votre Âme, un appel afin que vous rectifiiez la situation.

Qui avance dans la vie en toute conscience utilise ces signes pour se placer devant le miroir, faire face à lui-même et chercher à comprendre. C'est ainsi que se découvre le chemin de votre Âme et que l'on apprend à comprendre la vie.

Peut-être avez-vous besoin de faire une pause. La partie la plus difficile du livre est à présent derrière vous. La suite est plus facile à suivre, plus intuitive. Même si je vais là aussi analyser votre Voie un peu plus en profondeur. Mais avec ce que vous savez déjà, vous pouvez déjà régler pas mal de choses. J'espère que vous parviendrez à résister à cette confrontation avec vous-même. Une fois la graine plantée, elle ne cesse plus jamais de pousser. Vous l'apprendrez par la pratique, en tombant et en vous relevant. Vous découvrirez ainsi vos émotions et vos craintes, et apprendrez à vous tenir à ce en quoi vous pouvez avoir confiance.

Sachez que c'est un choix délibéré, qui ne fait que renforcer votre valeur propre. Ressentez, fixez des limites, déterminez ce qui est vraiment important pour vous. En agissant ainsi dans tous les domaines, vous apprendrez à vous défaire de vos pulsions inconscientes.

Vous avez peut-être envie de vous y mettre avec d'autres, de partager ce que vous avez déjà vécu. Ainsi se crée votre équilibre intérieur, vous développez votre compréhension pour vous-même et pour l'autre. Cela réveille la passion en vous, qui ne fait qu'accroître votre sagesse et vous permet de vous donner de manière inconditionnelle à ce que vous souhaitez réellement, la Volonté de votre Âme.

Pour cela, le contact avec l'autre est essentiel. Le Code Relation, thème du chapitre suivant, vous servira de guide à cet effet.

LA MISSION RELATION

La Mission Relation, de quoi s'agit-il? Votre Âme tire des enseignements de toutes les expériences vécues, et dont les caractéristiques se trouvent essentiellement dans votre Code Naissance. Votre Âme tire également des enseignements du contact avec l'autre et une série d'autres codes sont importants dans ce cadre.

Ils sont rassemblés dans la rubrique Mission Relation. C'est un peu comme un ensemble de caractéristiques qui vous apprennent à vivre avec les autres dans le respect de votre authenticité, de votre Âme. Vous en tirez aussi une grande sagesse.

La Mission Relation comprend les caractéristiques suivantes:

- le Code Mars ou Venus;
- le Code Q;
- le Code-Z;
- l'Angoisse Sphère.

Si vous souhaitez aborder ces codes, veillez à déjà comprendre un minimum votre Code Naissance. Il s'agit du niveau 2 et si le premier niveau n'est pas suffisamment maîtrisé, poursuivre n'a guère de sens.

Je me dois de signaler également que certains aspects de votre Code Naissance sont liés à vos relations avec l'autre. Le Comportement Sphère, le Profil de Base et le Type en font certainement partie.

Je l'ai déjà expliqué dans le chapitre précédent car cela permet de mieux comprendre la caractéristique et la rend plus claire. Mais en réalité, c'est dans ce chapitre-ci qu'il convient d'aborder l'impact de cette caractéristique sur la vie avec les autres. Je vais donc en répéter les grandes lignes.

- Le Comportement Sphère: une Troisième Sphère peut s'entendre avec tout le monde. Une Deuxième Sphère trouve parfois les Premières Sphères trop collantes et les Troisièmes Sphères insaisissables, ce qu'il n'apprécie guère. Une Première Sphère aime s'accrocher à la Deuxième Sphère, qui n'apprécie pas elle non plus.

- Le Profil de Base: le Trouveur aime aller droit au but et y cherche un avantage personnel. Le Chercheur tire sa motivation de l'analyse des différentes possibilités et de la recherche de ce que lui convient le mieux. L'approche du Trouveur peut démotiver le Chercheur.

- Type: un Penseur et un Ressenteur vont bien ensemble. Ils sont très complémentaires et se renforcent mutuellement lorsqu'ils laissent la caractéristique de l'autre s'exprimer pleinement. Deux Ressenteurs peuvent rester bloqués indéfiniment dans le ressenti. Deux Penseurs peuvent philosopher sans fin au lieu de passer à l'action. Deux Acteurs vont foncer ensemble sans avoir de plan et peuvent ainsi se perdre l'un l'autre.

Je tiens à souligner à nouveau qu'il est parfaitement possible d'y remédier en acceptant l'autre tel qu'il est et en tenant compte de sa personnalité. Si c'est pour vous un pas de trop, tirez-en vos propres conclusions.

Ce bref rappel suffit à introduire le sujet. Permettez-moi à présent d'approfondir un à un chacun des autres Codes Relationnel. Cette histoire est très révélatrice.

Le Code Mars & Venus

Le Code Mars ou Venus est le plus important de tous les Codes Relation. En plus de votre Code Naissance, ce Code est celui qui vous joue le plus de tours. Venus ou Mars signalent votre influence sur le monde extérieur et l'influence de celui-ci sur vous.

De toutes les nouveautés présentées dans cet ouvrage, ce chapitre est de loin le plus révélateur. Ne sous-estimez pas cette histoire: si vous décidez de vous y atteler, vous entrerez en confrontation avec vous-même et votre entourage. Votre monde en sera profondément modifié, dans le bon sens, que cela soit clair. Voyez cela comme une pierre angulaire de la Voie de votre Âme.

Peut-être vous demandez-vous pourquoi ce chapitre ne vient que maintenant et pourquoi il n'a pas été abordé plus tôt. Je communique tout simplement certaines informations lorsque le moment est venu, lorsque vous êtes en mesure de les gérer. Si je communiquais toutes les informations en une fois, c'en serait tout simplement indigeste. J'ai donc opté pour une approche graduelle.

Je souhaite néanmoins tout expliquer dans son intégralité dans le présent ouvrage. Il est donc lourd et volumineux, mais c'est bien de tout rassembler en un seul ouvrage. A vous de l'approcher avec sagesse. N'en faites pas trop.

Permettez-moi tout d'abord de préciser de quoi il ressort. Chacun est un Mars ou un Venus. Cela n'a rien à voir avec le fait d'être un homme ou une femme. Les hommes viennent de Mars et les femmes de Venus, c'est une simple boutade. Il existe par contre bel et bien des caractéristiques propres à la féminité ou à la masculinité. Mais c'est une autre histoire, que je ne souhaite pas aborder maintenant.

Jusqu'ici, la caractéristique Mars ou Venus était connue comme un aspect astrologique, qui ne s'appliquait qu'à un nombre limité de personnes. Or elle concerne tout le monde, et c'est un fait nouveau.

En astrologie, vous appelez cette caractéristique Mars et Venus Retro, car vous avez constaté que les gens nés dans la période rétrograde de ces planètes présentent des caractéristiques spécifiques.

Tout cela est exact. L'astrologie est d'ailleurs une autre manière d'expliquer le Message que je souhaite vous transmettre ici. Le tout est d'adopter la bonne approche astrologique afin de déceler les bons rapports. Je constate hélas qu'on fricote souvent dans le domaine, mais je ne souhaite pas non plus aborder ici cette question.

Revenons-en à l'histoire de Mars et Venus. Cette caractéristique nous concerne. Je souhaite expressément expliquer ce point car de plus en plus de personnes sont en train d'achever leur dernière vie dans la matière.

Le nombre de personnes conscientes qui cherchent à comprendre augmente et la vitesse de croissance de certains fait en sorte qu'ils évoluent et dépassent la Troisième Sphère. J'aborderai cette histoire dans le chapitre consacré au Code Evolution.

Sachez déjà qu'une fois que vous évoluez au-delà de la Troisième Sphère, votre Âme n'a plus besoin de la matière pour continuer à découvrir la Voie de l'Âme. Vous ne vous réincarnez plus, votre Âme poursuit sa croissance dans le Monde des Esprits .

La croissance rapide de nombreuses personnes n'est pas sans conséquence. La maîtrise de votre caractéristique Mars ou Venus nécessite un contact avec la matière. Il n'y en a pas dans le Monde des Esprits. Si vous en êtes à votre dernière vie sur Terre, il est important de bien maîtriser cette caractéristique.

Si vous vous y attelez plus tôt qu'à ce stade, c'est bien également. Car plus vous attendez, plus les habitudes de Mars ou Venus seront ancrées dans votre Âme et plus il sera difficile de vous en défaire.

Que les choses soient claires, je ne peux que vous conseiller sans contrainte de vous atteler à votre Mars ou votre Venus, cela vous sera bénéfique.

Sachez en outre que le travail relatif à cette caractéristique pour un Mars ou Venus Retro est une mission de l'Âme ou un choix de l'Âme. Vous en faites dès lors l'expérience dès votre naissance.

En cas de Mars ou Venus simple, il est conseillé de travailler à cette caractéristique. Sachez qu'elle vous joue des tours à un niveau inconscient.

Mais qu'entend-on par «y travailler»? Cette caractéristique détermine inconsciemment votre rapport aux autres. Ce rapport va bien souvent à l'encontre de votre Âme, mais vous n'en avez pas conscience. Cela vous détourne donc de votre authenticité. Voilà une bonne raison de vous atteler à cette caractéristique.

Travailler à votre Mars ou votre Venus signifie prendre conscience de vos modes de comportement inconscients envers les autres. Vous ne pouvez modifier que ce que vous identifiez.

Peut-être éprouvez-vous vous aussi une forme de repli, d'introversion. Ou vous avez plutôt l'impression que les autres ne vous comprennent pas, ne veulent pas suivre vos idées, que vous n'êtes absolument pas reconnu et que vous ne trouvez pas votre place. Ce sont là deux traits typiques de Venus et de Mars.

Il importe avant tout de pouvoir changer quelque chose en vous, si vous en prenez conscience. Vous ne vous en porterez que mieux. Que cette idée prévale sur le reste.

Il est bon de commencer à travailler à cette caractéristique car vous en tirerez un avantage personnel. Vous apprendrez en effet à mieux vivre votre rapport à l'autre. Vous avez encore besoin de motivation?

Passons à la question suivante: comment apparaît votre Mars ou votre Venus? Rappelez-vous dans l'introduction, je vous parlais du Big Bang, lors duquel l'Ensemble Supérieur, l'Unité, s'est divisée en plusieurs parties, les Âmes. Au moment de l'explosion, ce fut en soi une expérience impressionnante pour les Âmes.

Cette énorme explosion était certes un choix de l'Ensemble Supérieur, et donc de toutes les Âmes, mais cet événement ne s'est pas produit sans heurt. La première moitié était très fâchée de subir tout cela, et l'autre moitié était très triste de devoir poursuivre sa route seule. C'est là la base de votre caractéristique Mars ou Venus.

Vous commencez alors, en tant qu'Âme, à chercher la Voie de votre Âme. J'ai déjà expliqué le déroulement de ce processus. Il existe 21 niveaux de sagesse et vous en parcourez quelques étapes au cours de chaque vie.

Mais vous partez déjà avec un certain fardeau. La première moitié est fâchée, l'autre triste. Tout cela vous joue des tours dès le départ puisque vous n'avez pas encore pu ressentir ces sentiments et les exprimer ni en tirer de leçon.

Les Mars se retrouvent donc dans des situations où ils font l'expérience de cette colère, afin de pouvoir se débarrasser de ce poids. Les Venus ont l'opportunité de se décharger de leur tristesse. Je vous expliquerai plus tard comment résoudre votre Karma. J'ajouterai seulement que le Karma est le fardeau créé par les émotions non digérées qui vous accompagnent encore, celles de votre vie actuelle et des vies antérieures.

Mais permettez-moi tout d'abord de terminer cette histoire de Mars et de Venus. Lorsque vous ne parvenez pas suffisamment à ressentir et exprimer les émotions au cours des premières vies, votre fardeau s'alourdit. Jusqu'à ce que la bombe explose, à un point donné de votre évolution. Vous vivez alors un événement traumatisant, qui vous marque pour toutes les vies suivantes.

Cette expérience se produit à un certain moment dans la Première Sphère. Elle est si forte que le Code Evolution qui est le vôtre à ce moment reste identique pour toutes les vies suivantes.

Ainsi naît une nouvelle partie de votre Code ADN: votre caractéristique Mars ou Venus, représentée par deux chiffres, un Piège Mars-Venus et un Justicier Mars-Venus.

Voici un exemple. Imaginons que vous êtes un Venus et au moment de cette expérience forte, votre Code Evolution est 1.6/2.5. Pour toutes vos vies à venir, vous serez caractérisé par les chiffres 1/6 (apprendre à subir des émotions) et 2.5 (distinguer l'essentiel de l'accessoire).

C'est la seule partie de votre Code ADN qui ne change pas au cours de toutes vos vies. Toutes les autres parties du Code-Changent au fil du temps, mais votre Code Mars ou Venus reste inchangé. Cela explique d'ailleurs l'énorme impact de cette caractéristique.

Sachez en outre qu'au moment de cet événement puissant, vous vivez un véritable traumatisme et ne souhaitez plus jamais le revivre.

Vous apprenez à vous protéger de ce type d'incident. Mais vous le faites néanmoins de la mauvaise manière. Vous cherchez la voie qui présente le moins de résistance et fuyez les côtés (-) de votre Code Mars ou Venus. Vous vous sentez ainsi en sécurité. Or vous n'agissez pas en phase avec votre Âme et alourdissez encore davantage votre Karma!

Une histoire délicate donc, que vous avez à tourner à un moment donné. Il vaut mieux le faire dans la matière, où se trouvent tous les éléments nécessaires à votre disposition, à savoir l'autre.

Dans le Monde des Esprits, c'est beaucoup moins évident. Travailler à cette caractéristique y est extrêmement complexe et prend énormément plus de temps. Une bonne raison pour s'y mettre dès maintenant.

Peut-être vous demandez-vous pourquoi vous devez vivre tout cela? Votre Mars ou votre Venus est la source de bien des souffrances, comme vous le découvrirez. Est-ce une punition divine, ou une sorte de péché originel, apparu lors de la fermeture des portes du Paradis terrestre?

Oublions ces fables et concentrons-nous sur l'essentiel. Votre Mars ou votre Venus est uniquement une manière de gagner en sagesse. C'est un dérivé du souhait premier de l'Ensemble Supérieur, comme je l'ai expliqué dans l'introduction. Votre Âme souhaite y contribuer, elle est comme un petit Dieu en vous.

Mais comment faire l'expérience de cette caractéristique? Je préfère vous avertir avant de vous l'expliquer. Vous aurez sûrement le réflexe de vouloir déterminer si vous êtes l'un ou l'autre type. Mais la raison prendra alors bien vite le dessus. Vous n'êtes en effet pas celui ou celle que vous souhaiteriez être dans votre monde idéal. Ne faites donc pas l'erreur de construire un raisonnement sur une supposition.

Je souhaite avant tout vous mettre en garde quant à la signification des mots que j'utilise. Un Mars donne un autre sens aux mots qu'un Venus. Sachez que ceci est la base des conclusions erronées sur vous-même. C'est étrange, mais je vous donnerai quelques exemples plus loin pour que cela prenne tout son sens.

Je le répète, l'acceptation de qui vous êtes vraiment est la base de la vie spirituelle. La seule manière d'être certain de votre Code ADN est de le demander. Il n'y a pas d'autre manière.

Revenons-en à la question: comment faites-vous l'expérience de votre caractéristique Mars ou Venus? Les Mars se sentent abusés, les Venus se sentent maltraités.

Les Mars se trouvent régulièrement face à des coïncidences, des situations, où ils se sentent abusés. Cela sert à les décharger de leur colère, celle héritée du Big Bang. Hélas, cette technique ne fonctionne pas bien.

En conséquence, le Mars surmonte ce sentiment désagréable et transforme cette colère en jalousie et en envie. Il s'agit d'un réflexe humain. Un sentiment désagréable s'exprimera toujours d'une autre manière s'il n'est pas pleinement ressenti et verbalisé. Ce qui est désagréable est enfermé dans votre Être et se cherche une issue sous une autre forme.

Dans le cas du Mars, il s'agit de jalousie et d'envie. Ces sentiments peuvent parfois évoluer vers un malin plaisir, selon le niveau d'intensité de la colère. Ces caractéristiques ne sont pas acceptables dans la société. Il y a donc beaucoup de chance que vous les refouliez elles aussi.

Les Venus font face à des expériences dans lesquelles ils vivent des situations de maltraitance. Cette maltraitance revêt un caractère spécifique. Ils y voient une froideur, une forme de mauvais traitement psychologique. Cela crée une grande tristesse chez les Venus. Hélas, ce sentiment est lui aussi ignoré.

Le Venus transforme son chagrin en réserve et en fatalisme. Pour son entourage, c'est un comportement insaisissable. Un Venus s'entendra rapidement dire: agis un peu normalement. Vous vous sentez dès lors encore moins bien compris et vous vous enfoncez encore davantage dans la réserve et le fatalisme.

Pour un Mars comme pour un Venus, il est difficile de rompre ces processus. L'impact peut se faire sentir des jours, des semaines, voire des mois. Cela définit dès lors votre vie dans une très large mesure.

L'origine de cet abus de pouvoir ou de cette maltraitance est toujours externe à vous. En prendre conscience fait partie de l'apprentissage pour parvenir à gérer avec cette caractéristique. C'est pourquoi ce Code sera aussi abordé dans le chapitre consacré aux relations. C'est le Code qui perturbe le plus les relations avec les autres.

Vous découvrez donc l'influence du monde extérieur et avez développé des réflexes inconscients pour y faire face. Cette incitant externe peut être une broutille, un mot, le ton sur lequel une chose est dite, une porte claquée trop fort, une posture ou tout simplement la manière dont une personne vous approche.

Plus vous êtes proche de quelqu'un, plus fort sera l'impact. S'ils ne vous sont pas proches, les gens ne peuvent pas vous atteindre. Mais si l'incitant vient de votre partenaire, ou de vos parents ou vos enfants, ou encore de votre meilleur ami, l'impact sera d'autant plus fort.

On peut percer à jour cet incitant externe. Une fois identifié, vous pourrez vous armer en fonction en adaptant votre propre comportement. Votre Code vous indique comment procéder. Cette histoire est très personnelle et nécessite un accompagnement individuel pour apprendre à gérer tout cela.

Vous pouvez apprendre également beaucoup des autres et un processus d'apprentissage en groupe est également souhaitable. Vos modes de comportement sont des processus inconscients. Or ce qui est inconscient ne peut être corrigé puisque vous n'en avez pas connaissance.

Identifier un mode de comportement chez l'autre stimule largement votre propre prise de conscience. Cela active un signal en vous. Vous vous rendez compte que vous avez développé un mode de comportement similaire. Cette constatation est le début du changement.

J'aimerais toutefois approfondir les caractéristiques des deux types. Je commencerai par disséquer les Mars.

Un Mars est axé sur le monde extérieur. Cela le rend très heureux, voire insouciant à son propos. S'il lui arrive quelque chose, c'est tout simplement la faute de l'autre. Il a très rarement le réflexe de penser qu'il est à la source de ce qui lui arrive. Après avoir d'abord rejeté la faute en dehors de lui, il oublie. Or chacun est toujours la cause et la conséquence de ce qui lui arrive.

Le Mars a également une vision de la vie en tunnel. Il veut que tout se passe comme il l'entend. Tout ce qui s'en éloigne n'existe pas. Il nie ainsi une partie de la réalité, ou encore l'enjolive, la déforme et la façonne à son gré. Cela peut passer pour de la mauvaise volonté mais il n'en est rien. Le Mars ne peut tout simplement pas imaginer qu'il existe une réalité en dehors de son propre tunnel. Il faut bien prendre conscience de ce comportement.

Puisque le Mars veut que tout tourne comme il l'entend, il a tendance à tout faire pour obtenir ce qu'il veut. Il a donc par conséquent un double agenda et il est pour lui tout à fait normal d'exercer un certain pouvoir sur son entourage.

Il peut sembler qu'il ne tient pas du tout compte de son entourage, et c'est exact. Son comportement est souvent jugé égoïste. Mais le Mars ne le vit pas comme tel. Il agit uniquement en fonction de ses propres convictions. Il croit avoir raison et veut obtenir gain de cause. Il ne comprend pas que les autres ne le voient pas, ce qui complique encore davantage la communication.

Puisque le Mars n'hésite pas à abuser de son pouvoir, il y est également très sensible. Il développe des comportements typiques pour se protéger et atteindre son but. L'envie d'y parvenir est très grande. Il aime tenir les rênes.

Lorsque le Mars craint de ne pas pouvoir obtenir gain de cause, il adopte un premier mode de comportement: il résiste. Cette résistance naît du refus d'accepter la situation telle qu'elle est. La réalité ne cadre pas avec ce que souhaite le Mars. En résistant, il espère pouvoir encore obtenir ce qu'il veut.

Si cette stratégie ne fonctionne pas, il y renonce et se pose alors en victime. Pour ce faire, il peut opter pour le silence, témoigner son mécontentement de manière non verbale, se retirer.

Lorsque le Mars constate qu'il peut obtenir ce qu'il veut, il décide d'engager la bataille. Apparaît alors un deuxième mode de comportement. Il veut se venger de l'abus dont il se sent l'objet. Le Mars pense en termes de hiérarchie. Cela le rassure quant à sa place. S'il ne connaît pas sa place, il devient difficilement gérable.

C'est un constat important. Le Mars voit tout de manière hiérarchique. Il est plutôt incertain de nature et cette hiérarchisation lui permet de surmonter son incertitude.

La principale leçon pour le Mars est que l'égalité existe et que la hiérarchie n'est qu'un moyen de bien fonctionner dans une situation bien déterminée dans la matière.

Cette égalité va totalement à l'encontre de son mode de pensée hiérarchique. Il a dès lors pas mal de choses à apprendre à ce propos. Aussi a-t-il besoin d'expériences qu'il puisse vivre de manière consciente et en tirer les connaissances nécessaires. Il peut ainsi apprendre que l'égalité est une base positive et que dans la pratique, les rôles s'inversent régulièrement. Parfois l'un prend les devants, parfois c'est au tour de l'autre. Il apprend ainsi à ne plus essayer de toujours avoir raison.

Le Mars développe par ailleurs deux talents: le soin et la curiosité. Cette curiosité est le fruit de son focus sur le monde extérieur.

On pourrait estimer que le Mars ne peut pas non plus vivre sans ce monde extérieur, sans lequel il perd toute référence. Il compare tout, ce qui crée cette hiérarchie qui le rassure.

Mais à nouveau, cette comparaison a souvent des conséquences néfastes. Elle peut susciter la jalousie et l'envie puisqu'il peut alors se rendre compte que l'autre a quelque chose qu'il n'a pas. Si le Mars prenait le temps de réfléchir et de prendre un moment pour méditer par rapport à lui-même, il découvrirait qu'il ne désire pas ce que l'autre a.

Il omet bien souvent cette étape, malheureusement, et retombe dans le même travers. Il doit apprendre que la comparaison le détourne de ce qu'il désire réellement.

Si l'on énumère tous les traits propres au Mars, on peut en conclure qu'il s'agit d'une personne très déplaisante. Si vous êtes un Mars, vous pourriez très mal le prendre. Sachez que toutefois personne n'est ni bon ni mauvais. Nous sommes tous égaux.

J'en ai assez dit à propos des Mars, passons à présent aux Venus. Le Venus est tourné vers lui-même et ne cherche la raison de ce qui lui arrive qu'en lui. Il ne voit bien souvent pas que ce qui lui arrive est lié à un facteur externe.

En soi, toujours se regarder dans le miroir est un bon réflexe. Mais le Venus se fait trop de souci et s'attribue même les choses sans lien avec lui. Il doit apprendre à distinguer ce qui est lié à lui de ce qui ne l'est pas.

Contrairement au Mars et à sa vision en tunnel, le Venus a une vision très ouverte. Il essaie de tenir compte de tout et de tout le monde. On peut dire que sa ligne de mire est beaucoup trop ouverte, tout le contraire d'une vision en tunnel. Il doit apprendre à se concentrer uniquement sur ce qui est important pour lui.

Dans le cas contraire, les conséquences sont très néfastes. Il se sent rapidement victime de sa gentillesse. Il ne comprend absolument pas pourquoi le monde extérieur ne voit pas à quel point il fait de son mieux pour tenir compte de tout et de tout le monde. Il ne voit pas qu'il est victime de ses propres actes.

Ainsi agit un Venus. Il observe continuellement tout et tout le monde. Il s'efforce de tenir compte de tous ces facteurs dans son comportement. Car le Venus veut avant tout «être pris en considération». Plus il tient compte de son entourage, plus il espère d'être accepté.

Or c'est justement là que le bât blesse: il est impossible de tenir compte de tout et de tout le monde. Comment le Venus peut-il savoir que son analyse est la bonne? Il se complique incroyablement la vie et finit par en faire les frais.

Lorsque le Venus se sent victime de sa propre gentillesse, il a alors tendance à se retirer dans une réalité virtuelle. Il agit de la sorte afin de se protéger de l'influence du monde extérieur. Et c'est parfaitement logique: ce monde extérieur n'est qu'incompréhension à ses yeux. Il se sent dès lors souvent malheureux, devient insensible, impuissant, et ensuite triste et solitaire.

Son entourage n'y comprend absolument rien. Rien ne semble en apparence justifier un tel comportement. Cette incompréhension accentue davantage encore le retrait du Venus. Il a tendance à se retrancher dans le silence. Il ne voit pas d'autre solution pour faire face au monde.

En réalité, le Venus est en quête de reconnaissance. Il souhaite qu'on le voie, qu'on tienne compte de lui, qu'on l'apprécie et au fond, qu'on l'aime. Dans le cas contraire, il se sent très insécurisé et se met à fortement douter de lui. Il perd toute confiance en lui. De plus, ses supplications sont rarement entendues.

Le fait que le Venus souhaite que son entourage tienne compte de lui est une conséquence logique de son propre comportement. Il attend des autres qu'ils agissent comme lui. Il estime que puisqu'il tient compte de tout le monde, l'autre doit également tenir compte de lui. Or cette demande de reconnaissance est une forme de pouvoir, puisqu'il attend, à tort, quelque chose de son entourage.

Cette attente erronée est la conséquence d'un profond sentiment d'égalité. Il trouve injuste que les autres ne tiennent pas compte de lui. Il ne voit toutefois pas qu'il commet une erreur en tenant lui trop compte de tout et de tout le monde.

Le mode de comportement typique du Venus est le retrait. Il s'efface, se met en arrière-plan, cède face à l'autre. Il estime que cela vaut mieux que de se prendre un revers. Or c'est ainsi qu'il se perd. Il en paie le prix. Il finit par souffrir de son propre comportement.

Le repli de Venus face à son entourage a ses limites. A un moment déterminé, la coupe est pleine et la moindre goutte de plus la fait déborder. C'est alors que la bombe explose. Le Venus se sent atteint dans son Âme et commence alors enfin à penser à lui-même. C'en est assez, telle deviendra alors sa devise.

Tout cela a de quoi effrayer son entourage. Une futilité peut être la goutte de trop. L'autre y voit une réaction disproportionnée. Il ignore que des dizaines de concessions ont alimenté la coupe avant qu'elle ne déborde.

Cette situation suscite à son tour de l'incompréhension, une mauvaise communication, des frustrations, une insatisfaction.

Le dialogue est la seule solution. Sans dialogue, des cassures se créent.

De manière générale, disons que le Venus porte les stigmates de ses expériences en matière d'indifférence. C'est la raison pour laquelle il n'est bien souvent pas enclin aux contacts. Il se méfie par nature de l'autre et angoisse à l'idée de subir un nouveau revers.

Il hésite dès lors à se mettre à nu, à entamer un dialogue. Il se replie d'emblée. Cela lui donne un air très réservé.

Enfin, le Venus cherche la justice mais il doit apprendre à s'aimer. A chaque revers, il se retire à nouveau en lui. Il doit apprendre petit à petit à accepter qui il est et à adapter son comportement.

A partir du moment où il se rend compte qu'en tenant trop compte de l'autre, il fait preuve d'une grande indifférence à son propre égard, il peut alors commencer à changer.

Le Venus apprend ainsi à gérer prudemment et sagement son entourage et à utiliser à son avantage sa grande empathie.

Voilà pour le Venus. Il se peut que cette description vous mette face à vous-même et peut-être vous demandez-vous quel type vous êtes. La première réaction consiste bien souvent à se reconnaître dans les deux types, mais sachez que vous n'êtes que l'un des deux, un Mars ou un Venus.

Comme je l'ai déjà annoncé, le sens donné à un mot par un Venus ou un Mars peut être foncièrement différent. Aussi vous semble-t-il être l'un ou l'autre type, mais sans jamais en être certain. Voici dès lors quelques exemples:

Le rejet est pour un Mars «Je n'obtiens pas ce que je veux». Pour un Venus, c'est plutôt «Je ne suis pas suffisant». L'incertitude pour un Mars, c'est «Je ne perçois pas la hiérarchie et ne connais pas ma place». Pour un Venus: «Il y a une grande injustice et on ne tient pas compte de moi». Pour un Mars, tenir compte de l'autre consiste à déterminer de quelle manière il peut amener l'autre à mettre en application son idée tandis que pour un Venus, cela consiste à se faire respecter, de sorte que son avis soit pris en compte.

Cette confusion des langues digne de la tour de Babel complique souvent la communication entre un Venus et un Mars. Ils utilisent les mêmes mots, mais y attachent une autre signification. Tout cela peut sembler très confus.

C'est d'ailleurs cette confusion qui vous complique la tâche lorsque vous tentez de déterminer votre type. Vous identifiez comme une caractéristique personnelle des mots associés à un type en particulier, mais vous n'en ressentez pas bien le sens. Je le répète, soyez prudent et évitez les conclusions hâtives.

Comment apprendre à gérer les caractéristiques de Mars et de Venus? Comme je l'ai déjà dit, il est utile de se faire accompagner pour passer de l'état d'inconscience à celui de la conscience. Mais lorsque vous demandez votre Code et découvrez votre type, vous devez avant tout accepter qui vous êtes.

Si vous ne l'acceptez pas, vous ne pourrez pas atteindre cet état de conscience et vous vous enfouirez la tête dans le sable. C'est parfaitement possible et vous en avez le droit, car le libre-arbitre existe toujours. Vous êtes le seul à pouvoir décider d'entamer ce travail sur vous-même. Mais sachez que tôt ou tard, vous vous y mettrez.

Après l'acceptation, il est important de comprendre les modes de comportement associés à votre Code. A nouveau, une aide extérieure est plus que souhaitable. Permettez-moi d'expliquer ces modes de comportement à l'aide d'un exemple.

Supposons que votre Code Mars ou Venus soit 1.6 - 2.5. Les modes de comportement que vous avez développés pour vous protéger du monde extérieur sont le résultat d'une interprétation erronée des deux chiffres.

1.6 (-) peut signifier la fuite ou un mode d'agissement normatif; 2.5 (-) peut signifier s'attarder sur les détails ou devenir trop perfectionniste.

L'association des deux peut par exemple être la suivante: j'agis de manière normative en tenant aux détails ou je vais tenter de faire mes preuves en cachant au mieux mes défauts, ou je succombe à mes émotions et bloque tout sentiment.

Ce ne sont là que des exemples parmi d'autres. Vous avez mis au point des dizaines de variantes en fonction de la situation. Souvent, vous avez recours à des paroles typiques, qui sont liées à votre Code. Vous n'en êtes pas conscient. Vous avez donc du pain sur la planche.

La prochaine étape de cet apprentissage de Mars et Venus consiste à identifier et admettre les sentiments associés à chaque type. Ressentir et exprimer vous rendent libre. Vous devez ainsi apprendre à gérer la jalousie, l'envie et la colère si vous êtes un Mars, ou la réserve, le fatalisme et le chagrin si vous êtes un Venus.

Lorsque vous maitrisez cela, vous pouvez apprendre à éviter de tomber dans votre Piège en identifiant le facteur externe et en apprenant à bien mettre en pratique votre propre Code. Si vous vous retrouvez malgré tout dans votre Piège, une application correcte de votre Code vous aidera à en sortir.

Il existe une série de trucs et astuces pour ce faire, en fonction de votre Code. Mais ce serait aller trop dans les détails. Il existe dans ce cas-ci aussi une règle générale, mais il convient d'analyser le tout de manière plus personnelle au travers d'un accompagnement personnalisé.

Retenez avant tout que votre Mars ou votre Venus ont un impact particulièrement grand sur votre être. Sachez également qu'il est possible d'apprendre à le gérer différemment. Lorsque vous y parvenez, votre monde change radicalement.

Il existe en effet deux possibilités. Vous pouvez soit subir les facteurs externes, qui vous affligent alors pendant des jours ou des semaines, et n'êtes pas en mesure d'agir conformément à votre authenticité. Soit vous prenez conscience de ce processus et apprenez à y faire face pour ainsi rester vous-même.

Il n'y a pas de plus bel exemple pour illustrer la manière dont vous pouvez prendre votre sort en main et donner forme à votre propre vie. C'est vous qui décidez du cours des choses. Imaginez cela comme une série de dominos, dont le premier est un facteur externe. Vous ne le contrôlez pas, mais vous contrôlez par contre la manière dont le domino suivant tombe. La clé réside dans votre prise de conscience.

Cette prise de conscience se fait en deux phases. La première consiste à apprendre à vous gérer. Une fois que vous y parvenez, vous pouvez vous concentrer sur l'autre, la relation. Cette démarche améliore votre vie et vous permet d'être de plus en plus vous-même.

En fin de compte, une relation se compose de deux parties, et un facteur en suscite un autre. Un peu comme un effet boule de neige, qui peut rapidement donner naissance à une avalanche.

Il faut dès lors savoir qu'une relation entre deux Mars est totalement différente d'une relation entre deux Venus. Entre un Mars et un Venus, les accrocs sont encore différents. Tout commence ici à nouveau par l'acceptation de l'autre tel qu'il est.

Ensemble, deux Mars ont pour Piège de s'enliser dans une lutte de pouvoir. Ensemble, deux Venus risquent de se complaire dans leur tristesse. L'association d'un Mars et d'un Venus crée un terrain propice à de grandes confrontations, même si ce sont parfois ces associations qui sont les plus instructives.

Toute une histoire donc, ce Mars et ce Venus, n'est-ce pas? Vous tenez le coup? J'aimerais à présent vous donner un petit conseil.

La clé, c'est de vous montrer compréhensif envers vous-même et envers l'autre. Or c'est un véritable défi. Le plus dur est d'ailleurs de vous montrer compréhensif envers quelqu'un qui ne l'est nullement à votre égard!

Ajoutez à cette compréhension la communication,

l'acceptation, la tolérance et le respect. Je pourrais rédiger un chapitre entier sur chacun de ces éléments. Mais vous devrez vous contenter de ceci pour l'instant. Chercher à comprendre, travailler sur soi, laisser les autres être ce qu'ils sont, telle est la devise.

Vous ne pouvez être que ce que vous êtes et développer ainsi votre prise de conscience. Votre entourage changera dès que vous vous développerez vous-même. Votre entourage sent en effet immédiatement ce changement en vous, et il en est à son tour modifié.

J'en ai assez dit sur Mars et Venus. Vous avez peut-être besoin de laisser tout cela décanter. Mais ce n'est pas tout, il existe d'autres Codes Relation.

Le Code Q

Le Code Q est la deuxième caractéristique typique de votre Âme, qui détermine votre attitude par rapport aux autres. Il reflète votre position préférée au sein d'un groupe et cette caractéristique est également déterminante dans vos relations. Ce Code explique les relations interpersonnelles.

Son appellation vient des quadrants. Ceux-ci sont répartis selon deux critères, actifs versus passifs, et leaders versus suiveurs.

On obtient ainsi 4 groupes, aux caractéristiques bien spécifiques. Tout comme pour le Comportement lié à la Sphère, cette caractéristique est révélatrice de votre personne, mais aussi et surtout de l'interaction avec les autres.

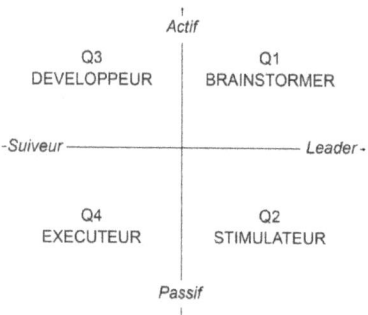

Le Q1 est un brainstromer, le leader dirigeant actif qui propose toujours de nouvelles initiatives. Il tire sa motivation d'approches innovantes. Au sein d'un groupe, il se met tout de suite à l'avant-plan et veut prendre les rênes. Il acquiert rapidement une vision, une approche globale pour résoudre les problèmes et il s'efforce de rallier les autres à sa cause.

Dans son enthousiasme, il doit veiller à ne pas dépasser tout le monde et ainsi se retrouver seul, ou encore à ne pas lancer des idées les unes à la suite des autres sans rien concrétiser. Le Q1 ne ressent d'ailleurs aucun intérêt pour les détails. Ils ne le passionnent pas. Il laisse volontiers les autres s'en charger, du moment que son idée est respectée dans les grandes lignes.

Le Q2 est un leader passif et un stimulateur. Il veille sur l'ensemble, s'en sent responsable et n'intervient que si l'orientation n'est plus la bonne. Il est le soutien idéal pour un Q1. Il utilisera les bons mots au bon moment et encouragera le Q1 et le complètera si nécessaire. Il se sent responsable de l'ensemble. Mais de par sa nature passive, il n'a nullement envie de monter au créneau. Il préfère laisser cela aux autres. Par contre, si le projet part dans une mauvaise direction, il intervient et rétablit le cap. Sa conscience est le fil conducteur de ses actions.

Le Piège du Q2 est qu'il peut verser dans un excès de passivité. Son découragement le prive de l'énergie pour intervenir. Il y a de fortes chances qu'il le regrette par la suite.

Le Q3 est un développeur actif. Il privilégie l'action dans un cadre existant. Il apprécie néanmoins de disposer d'un interlocuteur qui le rassure sur la voie à suivre. La force du Q3 réside dans son amélioration de l'approche au sein du cadre. Il optimalise les concepts existants et voit le côté pratique de la chose.

Le Q1 est un interlocuteur idéal pour le Q3. Mais il y a toujours un piège à cette association: le Q3 rêve d'être un Q1, sans y parvenir. Tout cela peut être source de conflits entre ces deux types.

L'association d'un Q3 et d'un Q2 n'est-elle non plus pas idéale. Le Q2 devine le manque de leadership du Q3 et les tentatives du Q3 de se profiler comme un Q1 peuvent l'irriter. Le Q3 s'entend le mieux avec un Q4.

Le Q4 est un suiveur passif. Il s'intéresse avant tout à l'exécution. Il n'est pas dans sa nature de prendre des initiatives, il attend plutôt qu'on lui demande d'agir. Sans guide, il préfère attendre. Il est d'une nature très passive et n'a nullement envie de prendre les devants.

Quand on lui demande quelque chose, il est parfaitement disposé à agir. L'idéal est que les instructions viennent d'un

Q3. Ce dernier apprécie d'ailleurs avoir un bras droit qui exécute ses plans. Cela lui donne l'impression d'être un Q1.

Le Q4 a besoin d'un guide, d'encouragement et de contrôle. C'est ainsi qu'il fonctionne le mieux.

Le Q4 et le Q1 ne s'entendent pas particulièrement. En dehors de l'exécution de ses plans, un Q1 ne voit en un Q4 aucune valeur ajoutée, or il en a besoin.

Un Q4 et un Q2 risquent de verser dans la passivité s'ils s'associent, aucun des deux n'ayant l'esprit d'initiative.

Les caractéristiques des différents types de Q peuvent se résumer comme suit:

> **Q1- Brainstormer: prend les rênes, est dominant et assertif, prend l'initiative et est prêt à prendre des risques, propose des idées et des concepts, tire sa motivation de la mise en pratique et cherche avant tout à dégager une vue d'ensemble.**

> **Q2 – Stimulateur: dirige consciencieusement en retrait, n'éprouve pas le besoin d'être sous les projecteurs, est patient, apporte une précieuse contribution, dirige si nécessaire, est la force tranquille, veille à l'ensemble, prend le temps pour ce faire.**

> **Q3 – Processeur: est doué pour la mise en application et s'efforce de trouver les meilleures solutions dans un cadre existant, se charge de la mise au point, travaille dur, peut prendre les rênes dans un domaine défini, paraît dominant, est un bon bras droit et souhaite se concerter avec le responsable final.**

> **Q4 – Exécuteur: exécute ce qui lui est demandé et a besoin de missions clairement définies, fonctionne au mieux s'il est encouragé et contrôlé et a besoin d'un avantage matériel.**

Il est important de savoir que votre Code Q est votre rôle préféré. C'est celui avec lequel vous vous sentez le mieux. Mais cela ne veut pas dire que vous ne pouvez pas assumer un autre rôle si le besoin s'en fait sentir. Cela correspondra toutefois moins à votre Âme.

Votre Code Q peut susciter en vous une déception. Tout le monde souhaite être un Q1 ou un Q2, or la grande majorité des gens sont des Q3 et des Q4. Imaginez un monde composé uniquement de Q1, cela n'irait pas bien loin.

L'existence de ce Code Q a un sens. Dans cette vie, il est une caractéristique qui vous correspond, dont vous avez besoin pour apprendre.

Dans chaque vie, votre Code Q change. Votre Âme apprend ainsi à gérer les différentes caractéristiques et vous gagnez en sagesse.

A chaque Code Q correspond une interprétation positive et une autre, négative. En cas de stress, sous pression, si vous ne vous sentez pas bien dans votre peau, vous adoptez le côté négatif. Par ailleurs, si vous appliquez mal votre Code Âge et tombez dans votre Piège, vous appliquerez également le côté négatif de votre Code Q.

Comment appliquer correctement votre Code Q? En sortant de votre Piège, en revenant dans la réalité, en appliquant votre Justicier et votre Stade Phase.

Le Code Q explique également les tensions potentielles au sein d'une relation. Les explications fournies ci-dessus le sont dans la perspective d'une collaboration en groupe.

Pour bien fonctionner, la représentation de tous les types de Q au sein d'un groupe doit être proportionnelle. Voilà une astuce intéressante pour les organisations.

Une relation compte toutefois deux personnes. En soi, c'est plus simple, mais aussi plus compliqué. Vous ne pouvez pas partir à la recherche d'autres types et ainsi élargir la relation pour former un trio ou un quatuor. Ce n'est pas comme cela que cela marche.

Partez toutefois du postulat suivant: il n'y a pas de coïncidence, ce qui est, est bien, sinon c'est différent.

Imaginons que vous demandez votre Code Relation et découvrez ainsi que vous et votre partenaire êtes respectivement un Q2 et un Q4. L'association n'est pas optimale, selon ce que je vous ai expliqué plus haut.

Mais si le hasard n'existe pas, cela signifie que vous vous retrouvez dans cette situation pour apprendre quelque chose. Inutile d'en conclure que votre relation n'est pas bonne, même si cela reste une possibilité. Il est probable que vous puissiez en tirer une leçon. Cela peut aboutir à deux conclusions.

La première: j'apprends à m'accepter et à accepter l'autre tels que nous sommes pour tirer au mieux parti de la relation.

La deuxième possibilité: c'est la goutte qui fait déborder le vase, cela ne va plus du tout. Il vaut mieux mettre un terme à la relation.

C'est dur à entendre. Mais soyons clairs: je ne vous dis pas quelle conclusion tirer. Vous restez libre de faire vos propres choix. Par contre, je tiens à ce que vous preniez conscience de la situation et appreniez à la gérer, à tirer les leçons qui en découlent, à gagner en sagesse. C'est votre Voie et vous en êtes responsable. C'est à vous et à nul autre de déterminer ce que vous vivez, quand, comment et avec qui.

La conclusion fondamentale est de laisser l'autre être lui-même et de ne pas tenter de le changer. Les caractéristiques de l'âme sont des données déterminées et restent inchangées pour la vie.

Pour changer quelque chose chez l'autre, commencez par travailler sur vous-même. Vous parviendrez peut-être ainsi à susciter un changement chez l'autre. Mais changer ou non reste son libre choix.

Tout cela signifie que le Code Q ne détermine en rien la viabilité d'une relation ou d'une collaboration mais peut par contre en expliquer les éventuelles difficultés. En comprenant qui vous êtes et qui l'autre est, vous pouvez faire face à ces pièges.

Ne commettez pas l'erreur de vous baser uniquement sur le Code Q pour évaluer votre relation. Les autres caractéristiques ont elles aussi un rôle à jouer.

Suivez par contre votre ressenti, demandez-vous si votre partenaire vous correspond réellement. Cela demande du courage. Nombreux sont ceux qui préfèrent se voiler la face. A un moment donné, il faut pourtant accepter de voir la vérité en face. Une fois encore, tout cela est entre vos mains.

Je plaide dès lors pour l'ouverture. Cela ne peut se faire qu'au travers du dialogue, en tentant d'expliquer votre attitude et votre comportement au travers des codes et en mettant des mots sur tout ce que vous vivez et les sentiments que cela suscite en vous.

Ainsi naît une compréhension et une acceptation mutuelles, à la base de toute relation. Ainsi naît la liberté, élément indispensable, et ainsi sont levés les tabous et les problèmes sans nom. Tous ces éléments sont le fondement de toute une relation saine.

La liberté au sein d'une relation ne peut que renforcer l'intimité et l'améliorer. Voilà un point positif, n'est-ce pas? Cela fait aussi partie de la découverte de la Voie de votre Âme.

Cette liberté n'est pas une absence d'engagement! Dans une relation, on choisit chaque jour d'être avec l'autre, grâce à la liberté qui est justement la nôtre. Ce choix est par essence une forme d'engagement.

Le Code-Z

Le deuxième Code Relation est le Code-Z. Ce Code détermine dans quelle mesure vous pouvez mettre en application votre Code Âge. Voilà un autre nouvel aspect de votre Code ADN, que j'aborde ici pour la première fois.

Que fait cette caractéristique dans le chapitre consacré au Code Relation ? Pourquoi ne pas l'avoir abordé dans le chapitre précédent, consacré au Code Âge ? Cela aurait été une possibilité, mais la raison pour laquelle vous éprouvez ou non des difficultés à respecter votre Code Âge est uniquement la conséquence de votre rapport aux autres. D'où sa place dans le chapitre dédié au Code Relation.

Votre Code-Z est en effet la conséquence de votre refus de respecter votre Code, par peur du jugement des autres. Prenez le temps de bien comprendre et intégrer cette longue phrase, et n'hésitez pas à la relire.

Le refus de respecter votre Code Âge a des conséquences durables. Cela peut paraître effrayant, mais c'est ce que c'est et c'est bien. On récolte ce qu'on sème. Une fois ce fait accepté, tout se passe bien mieux.

Permettez-moi à présent de préciser le fonctionnement du Code-Z. Le monde exerce sur vous une grande influence. Au point que vous n'osez pas être vous-même.

Vous craignez que l'autre n'accepte pas votre manière d'agir, ou que vos actes mènent à la rupture. Des conséquences que vous préférez donc ne pas voir. Vous refusez alors d'être ce que vous êtes réellement, par crainte de la réaction de l'autre.

Or ce n'est pas le but. Vous devez apprendre à être vous-même, sur votre Voie, et à accepter les conséquences de vos actes. D'ailleurs, si vous agissez en phase avec votre Âme, l'effet sera toujours positif. En respectant votre authenticité, vous obtenez une série de choses qui vous correspondent, et d'autres non.

Agir en phase avec votre Âme va toutefois bien souvent à l'encontre de la norme dans la société, de votre éducation, de règles éducatives bien ancrées, d'exemples erronés, etc. La crainte a ceci de particulier qu'elle repose sur les préjugés. Vous pensez que l'autre ne vous acceptera pas, qu'agir selon votre Âme aura des conséquences négatives. Or tout cela est le fruit de votre imagination, vous n'en savez rien puisque rien de tout cela ne s'est produit.

Voici un exemple pour être plus clair. Dans le prolongement de l'exemple précédent, imaginons que votre Code Age est 2.2, apprécier ce que l'on a et développer sa valeur propre, mais toutes vos décisions sont guidées par le monde extérieur.

Vous ne déterminez donc pas ce qui pour vous a de la valeur. Vous avez peur que l'on vous juge mal si vous optez pour ce qui pour vous a de la valeur. Vous avez peur du rejet. Vous laissez votre valeur dépendre des autres et refusez de suivre votre authenticité par crainte des conséquences de vos propres choix.

Ne confondez pas cela avec une faute ponctuelle par rapport à votre Code. Tout le monde commet des erreurs, cela ne vous rend que plus sage. Non, il s'agit ici d'un refus persistant, lié à la peur, qui vous empêche d'agir selon votre Code dans tous les domaines.

Cette réaction peut découler d'un événement intense, qui a fait naître en vous une peur. Cette peur vous empêche depuis lors de respecter votre Code, et ce en toutes circonstances.

Prenez bien conscience que ce refus vient de vous, et non d'autrui. Vous pouvez facilement rejeter la faute sur un autre et vous sentir victime, mais vous vous trompez, hélas. Vous êtes le seul responsable de vos actes. Tout cela est très difficile à lire, mais voudriez-vous qu'il en soit autrement?

Revenons-en à ce refus. Si vous refusez de respecter votre Code pendant une période ininterrompue de cinq ans, les conséquences sont irréversibles. Votre Code-Z est alors Z3.

Au cours de cette période de cinq ans, votre Code est Z2. Il est encore possible de vous ressaisir. Mais une fois atteint le Code-Z3, il vous sera impossible de le modifier pour le restant de votre vie.

Z1 signifie que vous appliquez bien votre Code, malgré les erreurs régulières.

Voici les caractéristiques du Code-Z:

Z1: Vous êtes en mesure d'appliquer de la bonne manière votre Code Âge, malgré les erreurs commises et dont vous tirez des leçons.

Z2: Vous commettez des erreurs dans l'application de votre Code Âge pendant une plus longue période en raison de votre refus ou de votre crainte des conséquences. Un changement de comportement peut modifier votre Code en Z1. Si l'application erronée se poursuit, votre code deviendra Z3.

Z3: Vous avez refusé pendant une longue période de respecter votre Code Âge ou ne l'avez pas respecté par peur des conséquences. Vous éprouvez dès lors des difficultés à appliquer votre Code et à trouver le sens de la vie. La spiritualité peut encore vous aider à trouver ce sens. Pour permettre l'évolution de votre Âme, vous devrez sans cesse vous efforcer de bien appliquer votre Code Âge. Une aide pourrait vous être utile à cet effet. La caractéristique Z3 est permanente.

Z4: Les revers vous ont dissuadé pendant longtemps de chercher à comprendre. L'évolution de votre Âme reste lente.

Z5: Votre opposition continue à votre Code Âge de par un comportement négatif fait en sorte que vous ne cherchez plus à comprendre.

Ce résumé succinct peut sembler effrayant. Sachez toutefois que les Z4 et les Z5 sont inconscients. Cela m'étonnerait très fort qu'ils lisent ce livre pour chercher à savoir. Permettez-moi toutefois d'approfondir le cas des Z2 et des Z3.

Sachez avant tout que la grande majorité des gens sont des Z3. Disons 4 personnes sur 5. Ça aussi cela fait peur, n'est-ce pas? Votre première réaction est sûrement de vous demander ce que vous êtes. Ne tirez pas de conclusion hâtive, restez réaliste. Si vous souhaitez une réponse à cette question, demandez votre Code.

Votre Code-Z détermine la manière dont vous vous positionnez dans la vie. Refuser d'appliquer votre code n'est pas sans conséquence. Le Z2 se sent comme à la dérive et tourmenté. Son comportement repose sur les craintes. Elles l'empêchent d'appliquer son Code.

Ces craintes sont dans votre tête, elles sont des images déformées de la réalité. Le Z2 ne voit pas les avantages qu'il a à appliquer son Code, il ne voit que les conséquences négatives potentielles. Elles ne correspondent cependant pas à la réalité. Il est donc par conséquence nécessaire pour le Z2 de percer ses craintes.

Pour ce faire, il convient d'accepter ces craintes, de se laisser imaginer des scénarios catastrophe, pour ensuite les surmonter et prendre conscience qu'ils sont le fruit de l'imagination.

La seule manière d'y parvenir est de revenir sur des expériences concrètes et de vous demander pourquoi vous refusez d'appliquer votre Code. De quoi avez-vous peur? Quelles conséquences vous empêchent d'appliquer votre Code?

Après cette période de cinq ans en tant que Z2, le Z3 entre dans une phase de calme et de résignation. Cette caractéristique Z3 n'est pourtant pas sans conséquences directes. Il devient en effet plus difficile d'entreprendre des démarches concrètes en phase avec votre code. Ce refus est désormais permanent. Grâce à un accompagnement, en mettant l'accent sur une étape de petite envergure, il est possible de prendre les mesures nécessaires.

Le Z3 ressent également une forme de découragement liée à son incapacité à appliquer son Code. Il ne perçoit plus le sens de la vie puisqu'il ne ressent plus la satisfaction liée à la bonne application de son Code Âge. La spiritualité est par contre une source de grande satisfaction et devient un but dans la vie. Elle lui donne un sens.

Les Z3 et les Z2 passent en conséquence énormément de temps dans leur Piège. C'est d'ailleurs presque toujours l'effet d'une mauvaise application de votre code Âge. Mais cela a également un côté positif: les Z2 et les Z3 apprennent à ainsi à mieux gérer cette caractéristique, ce qui fait à nouveau partie de la mission de l'Âme. Chaque désavantage présente un avantage. Tout est question de point de vue.

Le grand désavantage pour le Z3 est qu'il se sent la victime de ce qui lui arrive. Cela va de pair avec le découragement, qui le pousse à rejeter la faute sur les autres. Le Z3 a d'ailleurs du mal au départ à accepter cette caractéristique.

Mais une fois encore, vous êtes la cause et l'effet. Cette caractéristique Z3 est la conséquence de vos propres actes.

Le Z2 tout comme le Z3 ont tout intérêt à se faire aider pour apprendre à gérer cette caractéristique. Le Z3 apprendra ainsi à gérer cette victimisation et à vivre dans la matière. Le Z2 apprendra à gérer ses craintes et éventuellement redevenir un Z1.

Bien souvent, le moment où naît le refus en explique la raison. Une expérience traumatisante peut en être la source.

Mais faites attention lorsque vous en cherchez par vous-même l'origine. Vous avez peut-être l'impression de ne pas avoir appliqué votre Code durant votre enfance. Or tout le monde commet des erreurs dans l'application de son Code. Ne confondez pas cela avec un refus constant, qui signifie au contraire que vous n'appliquez votre Code dans aucun domaine.

Le Code-Z peut se produire dans chaque Code Age. Un Z2 peut devenir Z1 en mettant un terme à ce refus. Cela semble simple, mais c'est bien souvent compliqué dans la pratique. Il s'agit d'un processus intérieur, d'un changement émotionnel en vous.

Quelques explications pratiques:

- Si vous changez de Code Âge en tant que Z2 (à 12, 18 ou 36 ans), vous recommencez en tant que Z1 la partie suivante de votre Code ADN. C'est sans conséquence pour la suite. Vous avez possiblement accumulé moins d'expérience dans le développement de votre talent, mais ce retard peut parfaitement se résorber.

- En tant que Z2, vous parvenez à vous ressaisir et repassez au stade Z1, cette caractéristique devient alors permanente. Il est impossible de rechuter. C'est un peu comme apprendre à faire du vélo ou à nager. Ce n'est pas quelque chose qui se désapprend.

- Que vous soyez Z1, Z2 ou Z3, la croissance de votre Âme n'a pas à en pâtir. Tout le monde peut gagner en sagesse. Il suffit pour cela de continuer à essayer de bien appliquer votre Code Âge. C'est d'ailleurs compliqué pour les Z2 et les Z3. Mais s'ils essaient et cherchent ainsi à comprendre, ils peuvent sans souci gagner en sagesse eux aussi. J'expliquerai dans le chapitre Mission Evolution comment gagner en sagesse.

- Les Z2 et les Z3 refusent d'appliquer leur Code dans tous les aspects de la vie. Un Z1 parvient lui dans au moins un domaine à respecter son authenticité.

Vous en savez à présent assez sur les Z2 et les Z3. Viennent ensuite les Z4 et les Z5. Ceux-ci ne cherchent plus à comprendre, ils y ont définitivement renoncé.

Les Z5 ont pour particularité d'avoir renoncé au cours de la puberté. Ils n'ont appliqué que le côté négatif de leur Piège et adoptent par conséquent une attitude négative en toute circonstance.

Les Z4 sont comme des poules sans tête. Vous excuserez l'expression, mais c'est un fait. Ils ne voient aucun sens à la vie et vivent chaque jour de manière inconsciente, sans la moindre forme de satisfaction.

Pour eux, la vie est une routine et ils ne se posent aucune question. Ils sont comme végétatifs, la «masse grise» donc.

Votre Code-Z est une grande source d'information sur vous-même. Vous n'êtes pas conscient de votre Code-Z. Tout le monde se retrouve souvent dans son Piège à la suite d'erreurs commises au niveau du Code Âge. Il est difficile de déterminer soi-même si c'est permanent ou non.

Aussi peut-il être utile de demander votre Code-Z et, si nécessaire, de vous faire accompagner afin d'apprendre à gérer cette caractéristique. Cette démarche ne peut qu'être positive.

Le Code-C & la Crainte Sphère

Outre la crainte des conséquences liées à poser de votre Code, votre Code-Z, il existe d'autres craintes qui peuvent elles aussi vous jouer des tours. Celles-ci relèvent du Code-C et de votre crainte liée à la Sphère. Il s'agit des craintes fondamentales, qui vous empêchent de bien mettre votre Code Âge en application.

Ce Code a lui aussi trait aux relations. Vous développez ces craintes tout particulièrement dans vos rapports avec les autres.

Peut-être connaissez-vous vos craintes astrologiques, symbolisées par Pallas dans votre carte horoscope de naissance. Ces craintes sont de nature très individuelles. Votre Code-C diffère de ces craintes-là et est lié aux autres. Voilà qui devrait lever tout malentendu éventuel.

Je souhaiterais aborder plus tard plus en détail la gestion des craintes et ne présenter ici que les grandes lignes. Il est crucial d'identifier vos craintes, de les laisser venir, de les accepter, pour pouvoir ensuite les gérer.

Les craintes du Code-C sont héritées de vos vies antérieures. Ce sont en quelque sorte des peurs primitives. La crainte d'être dans le besoin, la crainte de ne pas être vu, la crainte d'être seul face à la vie, pour ne citer que quelques exemples de peurs primitives qui peuvent vous jouer des tours.

La crainte paralyse et vous pousse dans vos pensées. Ainsi naissent les imaginations, les illusions, sans aucun lien avec la réalité. Elles sont le fruit de votre trop grande imagination. Elles vous empêchent d'être vous-même.

Ces craintes vous font vivre en dehors de la réalité. Vous n'avez plus les pieds sur terre car c'est justement cela que vous craignez. Ainsi naît une réalité virtuelle. Vous vivez dans vos craintes, très réelles pour vous, et pourtant votre expérience ne colle pas avec la réalité.

Le Code-C se compose de 12 groupes de craintes. Je parle

ici de groupes car la crainte peut présenter diverses facettes mais avoir un dénominateur commun. Vous craignez par exemple la solitude, mais une des variantes peut être la peur d'être superflu, ou encore la peur de perdre vos enfants. Autant de variantes d'un même thème.

Parmi ces 12 craintes, deux vous jouent des tours sur le plan personnel. Elles vous détournent de votre authenticité et vous poussent dès lors à mal interpréter votre Code ADN. Ainsi commence la série de mauvaises interprétations de tout le Code Âge.

Aperçu des différents Codes C:

- **1: la crainte d'être blessé physiquement;**
- **2: la crainte d'être dans le besoin;**
- **3: la crainte d'être mal compris;**
- **4: la crainte de ne pas être intégrer;**
- **5: la crainte de ne pas être vu;**
- **6: la crainte de perdre son emploi;**
- **7: la crainte d'être seul face à la vie;**
- **8: la crainte de l'exclusion;**
- **9: la crainte de croire aux choses fautives;**
- **10: la crainte de ne pas avoir sa place dans la société;**
- **11: la crainte de voir sa liberté limitée;**
- **12: la crainte de la contrainte.**

Cette liste est longue et sa lecture seule fait peut-être résonner quelque chose en vous. Si c'est le cas, bonne nouvelle! C'est en effet le début de votre prise de conscience. Vous ne pouvez modifier ce dont vous n'avez pas conscience. Une fois identifiée votre crainte, vous pouvez dès lors apprendre à la gérer.

Si vous restez dans l'inconscient, vous ne pouvez pas non

plus comprendre comment cette crainte vous joue des tours et vous la laissez-vous guider, à votre insu. Une fois encore, vivre en pleine conscience est un choix délibéré, cela demande un acte volontaire. Ainsi se dévoile la Voie de votre Âme.

Les peurs primitives peuvent devenir vos forces si vous les ressentez et les percez. Les scénarios-catastrophes sont très utiles à cet effet. N'hésitez pas à les agrandir et percez les. Une fois imaginé le pire des situations, constatez que ceci ne correspond pas du tout à la réalité. Vous reviendrez ainsi les pieds sur terre et vous apercevrez que ces craintes sont le fruit de votre imagination.

Vous apprendrez à dissiper vos craintes et à ne plus les laisser vous faire obstacle. Cela vous aidera à identifier la Voie de votre Âme, puisque les craintes sont comme le brouillard qui cache le chemin. Ne vous laissez pas distraire. Apprenez à y faire face.

Outre le Code-C, il existe également des Craintes Sphère. Une crainte spécifique est liée à votre Comportement Sphère, votre Sphère Naissance.

La Première Sphère éprouve une grande crainte de ne pas survivre, une véritable peur de la mort. Cela peut entraîner un comportement de panique, des réactions démesurées, une sorte de lutte pour la vie. Cela explique la dépendance. S'adresser à l'autre est une stratégie de survie. Pour modérer cette dépendance, il faut avant tout en prendre conscience.

La Deuxième Sphère a peur de perdre le contrôle si elle agit sentimentalement. Elle craint que cela la désavantage car elle ne laisse plus la raison la guider. Elle doit apprendre que cela présente pourtant plus d'avantages que d'inconvénients.

La Troisième Sphère a peur de l'humiliation. Elle veut se porter, ainsi que l'autre, à un niveau supérieur mais elle craint d'y subir des revers et d'être humilié en cas d'échec. Cela peut entraver toute tentative d'élévation, d'elle-même et de l'autre.

| Crainte de la Première Sphère: crainte de la mort. |

| Crainte de la Deuxième Sphère: crainte de perdre le contrôle. |

| Crainte de la Troisième Sphère: crainte de l'humiliation. |

Chacune de ces craintes est une fois encore une illusion, elle vous empêche d'être vous-même. Elle vous entraîne dans une réalité virtuelle, le monde des craintes. Toutes ont l'air réelles et vous les vivez comme telles, mais il n'en est rien.

Je reviendrai sur les craintes dans le chapitre consacré à l'épuration. Avant cela, terminons le chapitre des Missions de l'Âme et abordons la Mission Evolution et la Mission Personnelle. Le reste est pour plus tard.

LA MISSION EVOLUTION

Maintenant que le Code Naissance, le Code Âge et les autres caractéristiques de l'Âme n'ont plus de secret pour vous, nous pouvons aborder une autre partie importante de la Mission de votre Âme, à savoir l'Evolution de l'Âme. Les malentendus sont légion à ce propos et j'aurai également plusieurs éléments neufs à exposer.

Le Code Evolution est une manière bien particulière de gagner en sagesse. C'est en quelque sorte la poursuite de votre Code Naissance. Vous ressentez en effet en vous une soif de savoir. Ce savoir s'acquiert de nombreuses manières: le vécu, les coïncidences, les connaissances acquises en sont la base.

Toutes ces expériences vous font grandir. Elles vous aident à découvrir votre spécificité et à être de plus en plus vous-même.

Tout cela s'exprime notamment dans votre Code Evolution. Et j'insiste sur le terme «notamment» pour illustrer l'importance à la fois relative et cruciale du Code Evolution.

Le Code Evolution est important, mais il n'est pas le seul à l'être. Il indique comment poursuivre votre quête de sagesse et dans quelle mesure vous pouvez mettre cette sagesse en pratique. Ce Code ne précise toutefois pas comment vous vous en sortez. Savoir comment faire et bien s'y prendre, ce sont deux choses bien différentes.

Gagner en sagesse est un peu comme tirer un enseignement. Cela se fait à partir d'une expérience, à partir du vécu. Vivre pleinement est le mot clé et cela se fait en ressentant, en pensant et en agissant. Trois éléments indispensables pour vous approprier une expérience.

Vous reconnaitrez peut-être les différents Types mentionnés en début d'ouvrage. C'est tout à fait exact. Une expérience commence toujours par et se vit en fonction de votre propre Type, mais deux éléments sont indispensables pour pouvoir vous l'approprier.

Tout d'abord: vous terminez toujours par un sentiment, qui vous amène à une conclusion intuitive, guidée par ce sentiment. Ensuite: vous devez boucler au moins une fois le cercle des différents Types. Cela signifie que vous devez passer par plusieurs étapes pour bien en comprendre tout le sens.

Un Penseur, par exemple, agit et ressent, pour ensuite réfléchir à ce qu'il ressent et déterminer ce qu'il convient de faire. L'action aboutit ensuite à un «sentiment final». Il vit alors l'effet de ses actes et se voit confirmer ou non la justesse de ses choix.

Ce processus peut paraître légèrement compliqué, mais tout cela se passe à un niveau inconscient. Vous en apprendrez intuitivement le fonctionnement. En vous entraînant, vous apprendrez mieux et plus rapidement comment le mettre en pratique une fois que vous l'aurez bien assimilé.

Il faut savoir qu'une expérience doit être vécue plusieurs fois pour être bien comprise. Il faut en moyenne vivre une chose trois fois d'affilée pour bien la maîtriser.

Vous ajoutez ainsi un brin de sagesse à votre savoir. Vous avez appris cela de la bonne manière et êtes en principe en mesure d'agir chaque fois à l'avenir de la bonne manière, en phase avec votre Âme.

Il y a toutefois un hic:

Il est bon de ne pas oublier le savoir acquis.

Vous les humains, vous excellez dans l'art d'oublier les choses quand cela vous arrange. J'appelle cela de la stupidité: savoir comment agir et ne pas le faire.

Comme je le disais, le niveau de sagesse auquel renvoie votre Code Evolution ne dit rien sur la mesure dans laquelle vous mettez en pratique les enseignements tirés. Il n'indique que ce qui est déjà acquis.

Vous vous êtes sûrement déjà dit d'une personne qu'elle est bien dans sa peau, sereine, en phase avec elle-même, qu'elle ne fait pas semblant. Vous pourriez en conclure qu'elle est d'une grande sagesse. Or il se peut tout simplement qu'elle soit juste en mesure de mettre cette sagesse en pratique, et ce sont là deux choses bien différentes.

Ne vous laissez donc pas flouer par le Code Evolution. Il en dit long sur la sagesse acquise, mais si vous n'agissez pas en fonction, cela ne sert à rien !

Maintenant que vous savez cela, j'aimerais aborder la différence entre les Chercheur et les Trouveurs. La Mission Evolution diffère en effet pour ces deux Types.

Le Trouveur a choisi dans cette vie de se concentrer uniquement sur sa Mission Naissance et ce de manière rectiligne. Son Code Evolution diffère totalement de celui du Chercheur.

Cela n'empêche pas l'Âme du Trouveur d'évoluer. Cette croissance est possible si le Trouveur maîtrise toutes les facettes de son Code Naissance. Le schéma de croissance est lui aussi différent de celui des Chercheurs. Je n'irai cependant pas plus dans les détails. Rares sont les Trouveurs qui cherchent à approfondir la question.

Mais nous vivons une époque particulière. Il se peut que le nombre de Trouveurs désireux d'être conscients augmente dans les années à venir. Qui sait. Le moment venu, je transmettrai les informations nécessaires à ce propos.

Sachez déjà que le Trouveur qui opte pour la croissance peut se transformer et devenir un Chercheur. C'est la seule caractéristique du Code Naissance qui peut changer au cours de la vie. Il doit pour ce faire apprendre tous les aspects de son Code.

Dès qu'il devient Chercheur, il doit avant tout procéder à un grand changement. Ce qu'un Chercheur apprend intuitivement pendant son enfance, un Chercheur qui le devient à l'âge adulte doit l'apprendre par lui-même.

Une expérience passionnante, réservée à ceux qui ont le courage d'emprunter cette voie. Ce choix est d'ailleurs source d'une grande satisfaction.

Quant au Chercheur, son nom parle de lui-même; la grande différence entre les Chercheurs et les Trouveurs est que le Chercheur naît avec pour mission de l'Âme de gagner en sagesse. Il est donc en permanence «à la recherche» de quelque chose. Il cherche par conséquent à vivre le plus de variantes possibles.

Ceci s'observe dans le Code Evolution, il s'agit d'un ajout au Code Âge. Ceci est une base essentielle. Vous ne pouvez évoluer sans vous concentrer sur le Code Age.

Votre Code Evolution indique des manières alternatives de mettre en pratique votre Code Age. C'est en quelque sorte une série de points de vue qui donnent des informations complémentaires sur votre Code.

Votre Code Naissance est le point final de votre évolution dans la vie précédente et votre point de départ pour cette vie. Le Chercheur a donc ainsi la possibilité de découvrir une petite partie de la Voie de son Âme.

Le Code Evolution est une partie importante de la Voie de votre Âme. Il indique le chemin déjà parcouru. Vous gagnez en croissance au fil des Sphères, vie après vie.

Si votre Sphère Niveau de Naissance est 2.2, vous apprendrez ensuite à mettre en pratique le Niveau 2.3. Vient ensuite le Niveau 2.4 si vous avez bien assimilé l'expérience.

Le code Evolution est détaillé par votre Sphère Niveau d'Evolution et le Stade Phase d'Evolution. Ce code se compose lui aussi des 21 étapes déjà mentionnées.

Si vous naissez avec pour Code 2.2, vous vous concentrez alors sur tout ce qui est lié à l'appréciation de ce que vous possédez et le développement de votre valeur propre. Une fois passé au Code 2.3, vous apprendrez à vivre votre Code 2.2 en phase avec vos sentiments. L'étape suivante consiste ensuite à fixer des limites (2.4) à l'appréciation de ce que vous possédez et de sa valeur. Vous affinez ainsi un peu plus votre Mission Naissance.

A chaque Sphère Niveau d'Evolution, vous parcourez tous les stades dans un ordre bien spécifique. Ce sont en quelque sorte 21 variantes du Sphère Niveau d'Evolution. Il s'agit d'un deuxième niveau d'affinage, au cours duquel vous apprenez à mieux encore mettre en pratique votre Code Age.

Le schéma de croissance présenté en fin d'ouvrage illustre étape par étape ce processus. Voici quelques explications au cas où vous emmêleriez les pinceaux avec tous ces chiffres.

Le Code Evolution 1.3 est un nombre supérieur à 3.1. En effet, le dernier chiffre va de 1 à 7 et il y a à chaque fois 3 étapes. Pour le premier niveau, cela signifie que vous passez successivement de 1.1 à 2.1 et ensuite à 3.1, pour passer ensuite à 1.2, 2.2 et 3.2.

Cela peut paraître un peu compliqué, mais je le répète: ne vous concentrez pas trop sur votre Code Evolution car si vous oubliez de mettre en pratique votre Code Naissance, vous n'apprendrez rien du tout.

La croissance de l'Âme n'est pas non plus une compétition. L'une peut évoluer plus rapidement que l'autre. Chacune a son propre rythme. N'y voyez pas un jugement de valeur et ne vous laissez pas aller à vous comparer aux autres. Ce serait une erreur.

J'aimerais encore apporter une précision importante à propos du schéma de croissance. Tout comme dans l'introduction, je me suis limité aux 3 premières Sphères. Mais cela ne s'arrête pas là. Les Sphères sont en réalité au nombre de 7. Elles font partie de Degrés Cosmiques, également au nombre de 7.

Vous avez ainsi une première idée de l'ensemble: 7 Degrés Cosmiques, chacun composé de 7 Sphères. Chaque Âme parcourt ce chemin. Si vous trouvez cela passionnant, sachez que ça l'est.

Comme je l'ai déjà dit, les trois premières Sphères se parcourent dans la matière, sur terre. Ces trois Sphères font partie du 3e Degré Cosmique. Une fois atteinte la 4e Sphère, vous ne vous réincarnez plus.

Le nombre d'Âmes en croissance augmente à une vitesse fulgurante. Mais seules quelques dizaines de personnes sur terre ont déjà dépassé la 3e Sphère. Elles ont besoin d'un manuel pour leur apprendre à traverser au mieux ces phases ultérieures, mais cela fera l'objet d'un autre ouvrage.

Ce qui nous amène à la «rapidité» de cette croissance. La question est souvent posée de savoir comment gagner au plus vite en sagesse. Je le répète: le Code Evolution n'est pas une compétition. Si vous cherchez à faire vos preuves, vous faites erreur.

Il existe toutefois quelques astuces pour gagner en sagesse. Exprimez vos sentiments, cherchez à comprendre, mettez les leçons apprises en pratique. Acceptez la réalité, ne vous laissez pas les craintes vous envahir et apprenez à gérer votre Ego et votre raison.

Gagner en sagesse, c'est se retrouver face à soi-même. Cela exige du courage et de la persévérance. Il faut ressentir, exprimer, comprendre, accepter et décider d'agir. Il ne suffit donc pas de savoir, encore faut-il mettre ce savoir en pratique.

La stupidité, c'est par définition ne pas mettre en pratique ce que vous savez. La seule manière de bien comprendre, c'est de ressentir. Sans ressenti, pas de croissance possible.

Que se passe-t-il si vous dépassez votre Code Evolution dans une Sphère suivante? Vous apprenez alors également les caractéristiques de cette Sphère. A partir du troisième niveau de la Sphère suivante, vous vous êtes approprié le Comportement Sphère correspondant. Si vous êtes né en tant que Première Sphère, à partir du Niveau 2.3, vous pouvez faire la part des choses. En tant que Deuxième Sphère, vous vous appropriez l'élévation à partir du Niveau 3.3. Vous apprendrez dès lors à appliquer votre Code Age à partir de ce nouveau Comportement Sphère.

Si vous appliquez mal votre Code Naissance dans une situation spécifique par contre, vous retombez dans ce cas dans le Comportement Sphère de votre naissance. Les caractéristiques à votre naissance sont et restent votre base. Le passage vers la Troisième Sphère modifie également votre Piège Naissance. Au cours du Première et Deuxième Sphère, vous avez eu le temps de pratiquer suffisamment votre Piège Naissance, mais vous avez aussi accumulé de nouvelles erreurs. Tout cela est résumé dans un nouveau Code Piège, dans lequel vous pouvez vous entraîner. En cas de stress, vous retombez dans ce cas aussi dans votre Piège Naissance.

J'ai jusqu'ici insisté sur les connaissances, la compréhension, pour gagner en sagesse. C'est la meilleure manière d'évoluer. Vous pouvez toutefois également évoluer tout en étant inconscient ou rêveur.

Vous pouvez tout simplement évoluer au travers des revers. Cela crée automatiquement des expériences, qui vous éveilleront des sentiments. Au niveau inconscient, cela permet une lente évolution. Sans en avoir conscience, vous apprenez quelque chose au cours de cette expérience. La grande majorité des gens évoluent de cette manière. Il s'agit des inconscients, qui évoluent un peu au cours de chaque vie.

Un deuxième groupe évolue grâce à l'imagination. Ils ne sont pas ancrés dans la réalité mais tirent des leçons de néanmoins de leurs pensées. C'est une possibilité, mais cela fait d'eux des rêveurs. Cette évolution est lente puisque ils ne vivent pas d'expérience personnelle dans la réalité.

Pour pouvoir transmettre vos connaissances aux autres, il est indispensable d'acquérir des compréhensions au préalable au travers d'expériences concrètes, comme une sorte de Maîtrise. C'est la manière idéale de gagner en sagesse. Sans expérience personnelle, vous ne pourrez pas aider les autres. Vous vous reposez sur votre imagination, or ce n'est pas la bonne référence.

Pour gagner en sagesse de la bonne manière, il convient donc d'avoir les pieds sur terre et de chercher en toute conscience à comprendre.

Je tiens à présent à dissiper quelques malentendus: gagner en sagesse est bien trop souvent associé à une absence d'Ego et de Karma. C'est faux. Gagner en sagesse permet de mieux gérer son Ego et son Karma, mais cela ne résout rien.

Cette distinction a toute son importance. C'est la raison pour laquelle j'ai développé dans le présent ouvrage les différentes parties menant à la découverte de la Voie de votre Âme. Ces parties ne forment qu'un tout. Vous risquez par contre de tout mettre dans le même sac. Aussi importe-il d'approcher chaque partie séparément. Une fois comprise chaque partie, vous pourrez voir les liens entre elles.

La sagesse orientale insiste énormément sur la perte d'Ego. Leur solution consiste à se retirer de la société. Mais que se passerait-il si chacun agissait de la sorte? J'espère que vous comprenez la pointe de cynisme dans cette question. Il va de soi que la société disparaitrait si tous s'en retiraient. Il en apparaîtrait alors une nouvelle, avec les mêmes problèmes.

Ce n'est donc pas la bonne solution. Apprenez plutôt à gérer votre Ego au sein de la société. Il fait partie intégrante de vous. J'expliquerai comment faire dans le chapitre suivant.

Cela vaut également pour le Karma. Gagner en sagesse est une chose, mais l'épuration du Karma en est une autre. Ce sont en quelque sorte deux branches de la Voie de votre Âme. Le seul lien entre les deux est qu'en mettant correctement en pratique la sagesse acquise, vous apprenez à mieux purifier votre Karma.

En guise de conclusion à ce chapitre consacré au Code Evolution, j'ajouterais qu'il est une part extrêmement importante de la Voie de votre Âme. Il ne dit toutefois rien sur la manière dont vous mettez cette sagesse en pratique. C'est le seul Code qui indique la progression de votre sagesse.

Vient ensuite l'essence de la spiritualité. Apprenez à la mettre en pratique dans tous les domaines de la vie. Ces expériences vous apporteront à leur tour de nouvelles connaissances et vous permettront d'affiner celles déjà acquises.

Cette évolution est-elle infinie? S'arrête-t-elle à un moment donné? Je me dois de briser aussi cette illusion. Vous imaginez souvent que le Niveau 3.7 est la destination finale, et qu'à partir de ce point, vous avez atteint le Paradis sur Terre.

Le Niveau 3.7 est souvent vu comme l'illumination ultime. Mais c'est un terme dangereux, qui peut faire rêver à une sensation permanente de bonheur.

Le terme illumination doit être pris au sens propre. A ce stade, vous vous sentez effectivement plus «illuminé», à condition de savoir comment mettre en pratique cette sagesse. Mais cela ne change rien à la légèreté de l'existence.

Je vous ramène à nouveau sur terre. Le Paradis sur Terre est une combinaison d'expériences agréables et moins agréables, une somme d'erreurs et l'acquisition de nouvelles connaissances qui en découle. Cet apprentissage est infini. La sagesse ne connaît pas de fin.

Cela ne correspondrait pas à la philosophie de l'Âme. Rappelez-vous, au premier chapitre, je vous parlais de la part de Dieu en vous. Vous ressentez cet élan intérieur qui vous pousse en permanence à chercher à comprendre. C'est là votre contribution à l'Ensemble Supérieur, dont vous vous sentez une partie.

Vous découvrez ainsi des parties toujours plus profondes de vous-même, vous affinez vos expériences et vos sentiments et découvrez pas à pas comment rester mieux fidèle à vous-même.

Vous apprenez à chaque fois comment cela fonctionne. La sagesse accumulée est une manière d'agir, de faire face aux choses. Le nombre de leçons à tirer est donc infini. Cela peut sembler décourageant, mais vous ne serez jamais réellement prêt! Mais qui sait ce que vous pourrez apprendre dès aujourd'hui?

Servez-vous pour cela des coïncidences qui s'offrent à vous, et vous saurez quoi faire. Chaque expérience est une occasion de comprendre. Tout comme il est possible de gagner en sagesse à l'infini.

La sagesse consiste donc à savoir comment! Une fois passé un Sphère Niveau, vous êtes en réalité au début de la phase de mise en pratique de ce Sphère Niveau.

Par exemple: à la naissance, vous êtes 2.2 et vous avez derrière vous le Sphère Niveau d'Evolution 2.4. Vous entamez donc le Niveau 2.5. Que savez-vous de la marche 2.4? Vous avez appris comment bien mettre en pratique le Niveau 2.4 mais ce Niveau 2.4 n'est pas encore totalement acquis. Vous devez désormais le mettre en pratique en permanence et affiner ce processus. Tout cela alors que vous êtes en plein travail avec le Niveau suivant (2.5).

En d'autres termes, votre expérience avec le Niveau 2.4 est une aide supplémentaire pour faire face au Niveau 2.5. Vous mettez en pratique la sagesse acquise.

Sachez ensuite que la sagesse accumulée rétrécit votre Voie. Puisque vous savez comment faire, il y a moins de marge de manœuvre. Vous commettez ainsi plus rapidement des erreurs et en tirez à nouveau des leçons.

Je tiens à ajouter un élément à propos du renoncement inconditionnel, le fameux Sphère Niveau 3.7. Prenez le temps de bien lire ces mots. Quelle en est la véritable signification? Au sens littéral, cela signifie que vous ne posez aucune condition à votre renoncement, que vous apprenez à agir uniquement en phase avec votre Âme.

Cela veut-il dire que vous allez le faire, toujours et en toutes circonstances? Non. Vous avez uniquement appris comment vous y prendre au cours du Niveau 3.7. Une fois passé ce Niveau 3.7, vous refaites encore face à tous les sujets et tous les thèmes où vous devez mettre vos connaissances en pratique. Cette leçon vaut pour chaque Sphère Niveau.

Le Niveau 3.7 est en réalité une Sphère d'abstinence. Vous y apprenez à renoncer à vos pulsions. Car ces pulsions sont conditionnelles. La pulsion, l'envie, impliquent une condition.

C'est un exercice de pouvoir. Vous voulez assouvir cette envie, ce qui est tout le contraire du renoncement.

Mais qu'est-ce que le renoncement inconditionnel? C'est accepter ce qui est. C'est la base. Vous ne vous opposez pas à ce qui vous arrive. Il ne s'agit pas de fatalisme, cela ne signifie pas que vous subissez tout.

Le renoncement inconditionnel consiste à profiter le plus possible du moment présent. Cela implique de prendre son sort en mains, de poser des actes délibérés, de ne pas se laisser balloter, mais de prendre les commandes.

C'est aussi un processus de gain de sagesse, être là pour soi, en phase avec son Âme. Cela demande du courage, de la volonté et de la persévérance. Je ne veux pas vous effrayer, même si mes propos ont peut-être cet effet.

Sachez toutefois qu'une fois sur la Voie de votre Âme, c'est comme planter une graine. Une petite plante tenace, invincible, qui ne peut que vous faire aller de l'avant. Vous vous rendrez compte que vous ne souhaitez plus revenir en arrière parce que vous saurez que c'est le bon choix. Vous ressentirez alors le souhait de l'Âme, celui de croître en permanence, de chercher à comprendre, d'affiner vos émotions, de mettre en pratique votre sagesse.

Inutile pour moi de vous y encourager. Votre Dieu intérieur s'en chargera. Votre Âme tient à tout prix à évoluer. L'étape suivante vous en apprendra beaucoup à ce propos également. Cela devient désormais très personnel!

LA MISSION PERSONNELLE DE L'AME

Etes-vous prêt pour la suite? J'aimerais à présent aborder la Mission Personnelle de l'Âme. C'est également la première fois que j'aborde ce point dans un ouvrage.

Comme je l'ai déjà dit, je souhaitais que cette histoire soit présentée dans son intégralité. Alors préparez-vous pour la partie suivante de vos Missions de l'Âme.

En plus de votre Mission Naissance et votre Mission Evolution, vous avez donc aussi une Mission Personnelle de l'Âme. Votre Âme a toute une série de tâches spécifiques à mener à bien au cours de cette vie.

Elles peuvent être de natures très diverses. Il peut par exemple s'agir d'apprendre à profiter, à gérer la solitude, à s'affirmer, à gérer la confrontation avec soi de toutes les manières possibles, à assumer ses responsabilités, à être soi-même au sein d'un groupe, et bien d'autres choses encore.

La Mission Personnelle de l'Âme fournit une liste de choses que vous souhaitez aborder dans cette vie. Je vous entends déjà vous demander quelle peut bien être votre Mission à vous? Rassurez-vous, vous en savez déjà bien plus que vous ne le pensez.

Comment découvrir la teneur de cette Mission? La réponse est simple et complexe à la fois. Vous le découvrirez en suivant votre Âme, en distinguant ce que vous désirez vraiment de ce que vous ne désirez pas. Vous exécuterez alors automatiquement cette Mission.

Je tiens à souligner que vous ne devez pas nécessairement connaître la Mission Personnelle de l'Âme. Ne cherchez donc pas à savoir ce qu'elle pourrait bien être dans votre cas. En acceptant qui vous êtes, en acceptant les circonstances de votre vie, vous accomplissez automatiquement cette Mission.

Ici, dans le Monde des Esprits, nous vous faisons vivre les coïncidences nécessaires pour vous permettre de réaliser la

Mission de l'Âme, et vous avez le choix de le faire ou non.

Si vous souhaitez malgré tout quelque chose de concret, penchez-vous sur ce qui vous pose le plus de difficulté, ce que vous détestez foncièrement. Il y a beaucoup de chance pour que cela reflète votre Mission personnelle.

Vous vous demandez peut-être si vous choisissez cette Mission ou si elle vous est assignée. Cela peut sembler difficile à comprendre depuis votre position dans la matière, mais disons que si vous restez en tant qu'Âme dans le Monde des Esprits, vous éprouvez le souhait de l'Ensemble Supérieur comme le vôtre.

Il n'y a aucune différence entre ce que vous souhaitez en tant qu'Âme et ce que souhaite l'Ensemble Supérieur. Il n'y a donc aucune sorte de négociation quant à votre Mission suivante. C'est une conclusion logique.

Il se peut que vous abordiez cette Mission à contrecœur dans un premier temps. Vous pouvez ressentir cela dans les phases de régression. Mais vous savez pourtant que c'est bon pour vous et qu'en tant qu'Âme, vous approuvez votre Mission.

Vos vies antérieures sont déterminantes pour la Mission Personnelle de l'Âme. Si dans une vie antérieure, vous avez exercé un pouvoir démesuré, vous choisirez au cours de cette vie probablement de vivre le contraire. Vous vous retrouvez dès lors dans une position où vous subissez beaucoup le pouvoir.

Votre lieu de naissance est un premier choix en ce sens. Vous choisissez les circonstances qui vous permettront à un âge plus avancé d'acquérir la sagesse voulue. C'est déjà une bonne indication de ce que vous devez apprendre.

Vous vous retrouvez bien souvent dans une situation inverse. Il se peut qu'enfant, vous voyiez surtout comment ne pas agir et devez dès lors apprendre ce qu'il faut pour pouvoir agir différemment.

Mais restez les pieds sur terre, ne planez pas, vivez dans

la réalité de l'instant présent. Même si votre passé vous a marqué, vous ne pouvez rien y changer. Votre mémoire se limite à votre vie actuelle, la seule dont vous puissiez tirer des enseignements.

Revenons à présent à la Mission Personnelle de l'Âme. Une autre approche très simple consiste à distinguer le vrai du faux. Les personnes vraies se reconnaissent immédiatement. Vous souhaitez en faire partie. Alors partez à la recherche de votre authenticité.

En réalité, vous savez parfaitement quand vous jouez un rôle, nourrissez de mauvaises intentions, agissez en fonction des attentes. Si vous ressentez dans votre corps un sentiment de nervosité, c'est le signe d'un déséquilibre, que quelque chose n'est pas authentique, vrai.

Souvent, les gens se disent investis d'une mission spéciale, ils affirment avoir un objectif noble, et bien souvent, c'est particulièrement ridicule. Nombreux sont ceux qui ont l'impression de devoir sauver le monde et d'être des élus.

Sachez que tout le monde est un élu et que tout le monde a une mission spéciale à remplir. La Mission de l'Âme consiste à découvrir votre propre authenticité et à la respecter, à vivre en phase avec votre Âme et à gagner en sagesse.

Il est tout à fait erroné de vouloir mettre l'accent sur l'autre sans se regarder dans le miroir. Votre Mission ne consiste pas à sauver des âmes. D'ailleurs, on ne peut pas sauver une Âme, elle doit se sauver elle-même.

Tout ce que vous pouvez faire, c'est partagez ce que vous avez compris, si on vous le demande. Si on ne vous demande rien, inutile d'aller prêcher la bonne parole! Vous vous mettriez très rapidement à exercer un pouvoir. De nombreuses personnes se sentent appelées à transmettre un message, celui que je vous transmets ou un autre. Mais réfléchissez avant d'agir.

La Mission de l'Âme consiste notamment être un exemple pour les autres, en empruntant vous-même la Voie de votre

Âme. Voilà comment transmettre le Message. Vous pourrez ainsi peut-être inspirer d'autres à vous imiter, mais ce n'est pas un objectif en soi. Vous le faites pour vous-même!

Qu'entend-on par le terme «Message»? Il s'agit en fait du contenu du présent ouvrage. Vous transmettez ce message en vivant en phase avec votre Âme. Ni plus, ni moins.

Cet ouvrage ne vise donc pas à susciter des vocations et trouver des prêcheurs et des prêtres, ni des évêques et des cardinaux, pas même un pape. Ce ne sont là que des structures de pouvoir en devenir.

L'idée d'être l'élu est souvent le fruit de l'Ego. Vouloir faire ses preuves, occuper une certaine place. Tout cela nous amène à un point important de la Voie de l'Âme: l'amour et le pouvoir.

L'Âme déteste exercer un pouvoir ou encore le subir. La Voie de l'Âme consiste notamment à prendre le pouvoir sur votre propre vie et non à vouloir l'exercer sur autrui ou encore subir l'influence d'autrui.

Il s'agit d'une partie extrêmement compliquée de la mission de l'Âme, et cela peut paraître tout bonnement impossible à première vue. C'est pourtant un vœu très clair de l'Âme.

Si vous n'avez jamais exercé de pouvoir et ne l'avez jamais subi, vous ne comprendrez pas comment cela fonctionne. Vous ne pouvez pas renoncer à une chose si vous ne l'avez pas vécue. Cela s'appelle le cycle de l'Ego, que vous parcourez dans chaque vie.

Vous avez souvent recours à votre Ego pendant l'adolescence. Après cela, à un moment donné, l'Âme souhaite prendre le dessus. Nombreux sont ceux qui ressentent ce vœu intérieur mais ignorent comment y donner suite. On parle aussi de crise de la quarantaine.

L'Ego implique de vouloir satisfaire aux exigences des autres, de la société. Votre Âme souhaite que vous agissiez selon vos propres normes et valeurs, ce qui donne lieu à une grande confrontation. Il se peut en effet que vous vous retrouviez face à des choses que la société n'accepte pas. Vient ensuite la partie la plus difficile, à savoir décider de suivre votre Âme et d'accepter les conséquences de vos actes.

Nombreux sont ceux qui trébuchent. Vous vous rendez souvent à des fêtes de famille parce qu'il le faut bien, alors que vous n'en avez parfois pas du tout envie. Pourquoi le faites-vous ? Découvrir la Voie de votre Âme signifie renoncer à ce dont vous ne voulez pas.

Le véritable amour consiste à choisir d'être libre et à offrir à l'autre la liberté de faire ses propres choix. Si ses choix ne correspondent pas à vos propres convictions, vous devez l'accepter. Vous apprendrez de la sorte ce qui vous correspond et ce qui ne vous correspond pas.

Si vous souhaitez transmettre le Message à d'autres, montrez l'exemple en étant vous-même. Ne tentez pas de changer votre entourage, de le sauver, ne jugez pas les actes des autres. Commencez par vous-même.

Que faire si le fait que vous suiviez votre authenticité blesse les autres ? Reprenons l'exemple des fêtes de famille auxquelles vous ne vous sentez pas bien. Imaginons que vous cessiez de vous y rendre. Cela risque de faire de la peine à votre famille, n'est-ce pas ? Le risque est grand, en effet. Mais sachez que si vous respectez votre authenticité, vous ne pourrez jamais blesser les autres.

L'impact de vos actes sur l'autre n'est rien de plus que l'expérience dont l'autre a besoin pour en tirer lui-même un enseignement.

Car si votre famille veut vous forcer à venir, elle exerce sur vous un pouvoir et ne vous laisse pas libre de vos choix. Si vous ne vous y rendez pas, vous mettez les gens face à leurs propres actes et leur offrez la possibilité d'apprendre quelque chose.

Cela vaut pour toute forme de confrontation. L'expression de votre colère, non pas pour blesser l'autre, mais uniquement parce que vous la ressentez, c'est de l'amour pur. Cela signifie aussi que vous estimez l'autre digne de partager avec lui vos propres sentiments. Cela ne peut que clarifier la situation. Pour l'autre, c'est une occasion de se faire sa propre idée.

Tout dépend de vos intentions, des raisons qui motivent vos choix. Si vous cessez de vous rendre aux fêtes de famille par vengeance suite à une frustration, vous faites fausse route.

Mais comment savoir ce que vous voulez vraiment? Vous l'apprendrez en tombant et en vous relevant, en suivant votre intuition, en observant les coïncidences qui s'offrent à vous, en mettant en pratique le contenu du présent ouvrage.

Ce n'est pas une mince affaire au vu du fardeau que vous transportez, mais pour l'Âme, c'est d'une grande simplicité. Vous désirez une chose ou vous ne la désirez absolument pas. Il n'y a pas de compromis. Gardez déjà bien cela à l'esprit.

Il faut avant tout exprimer vos sentiments, chercher à vous comprendre. Vous purifier de vos fardeaux peut aider sur cette voie. C'est d'ailleurs le sujet du chapitre suivant.

L'EPURATION DES FARDEAUX

Comme je l'ai déjà mentionné, chacun transporte une série de fardeaux qui l'éloignent de son authenticité et de la découverte de la Voie de l'Âme. Une partie de la découverte de cette Voie consiste à apprendre à vous défaire des obstacles que sont le Karma, les craintes, la raison et l'Ego.

Aussi aimerais-je dans ce chapitre approfondir chacun de ces éléments et vous apprendre à vous en défaire. La gestion des intentions, des normes et des valeurs, des résolutions et des attentes est par ailleurs d'une importance capitale.

Si vos actes ne sont pas en phase avec votre Âme, ce n'est pas sans conséquence. Non seulement pour l'Âme mais aussi pour le corps. Vous ferez face à des difficultés, surtout si vous persistez envers et contre tout à refuser d'agir. L'objectif est de vous inciter malgré tout à passer à l'acte. J'y reviendrai plus tard.

J'aimerais aborder la question de l'intolérance en guise d'introduction. Quel est votre niveau de tolérance? Qu'est-ce qui vous irrite chez l'autre? Réfléchissez-y un instant. Vous prendrez ainsi conscience d'une série d'exemples, de choses auxquelles vous êtes sensibles, qui vous titillent, que vous supportez difficilement.

Préparez-vous à lire ce qui suit, car votre intolérance envers les autres est un miroir pour vous-même. Elle vous indique ce à quoi vous devez encore travailler chez vous! Cela vous ôte-t-il vos illusions? Voici un exemple.

Supposons que vous ayez de réelles difficultés à accepter les gens inflexibles. Ils vous irritent profondément. Cela signifie que vous devez travailler à votre propre inflexibilité.

Un autre exemple: vous avez du mal à accepter que les gens fassent la victime. Cela signifie probablement que vous adoptez vous aussi souvent un tel comportement.

L'autre en dit donc long sur vous-même. Comme une révélation. Cela vous renvoie à l'essentiel, à vous-même.

Cela vous pousse à vous regarder en face et à vous demander: qu'en est-il de moi? Du moins si vous voulez avancer dans la vie en pleine conscience.

Permettez-moi de vous donner un conseil pour apprendre à gérer votre intolérance: apprenez à accepter l'attitude de l'autre. Acceptez par exemple que l'autre soit parfois inflexible. Vous pourrez peut-être de la sorte accepter votre propre inflexibilité.

Car ce que vous n'identifiez pas et n'admettez pas en vous reste dans la sphère de l'inconscient. Or il est impossible de changer ce qui est inconscient.

Comme mentionné plus haut, la découverte de la Voie de l'Âme est en réalité un processus de prise de conscience. Une fois conscient d'un élément en vous, vous pouvez y travailler. Ce qui est inconscient le reste et ne peut être changé.

Plusieurs éléments peuvent jouer un rôle dans votre intolérance. Vos craintes, votre Ego, votre raison, de mauvais exemples adoptés inconsciemment, un entêtement à vous protéger de votre entourage, vos ressentis passées non gérées. La liste des possibilités est longue et je l'aborderai plus en détail dans les chapitres suivants.

Ne perdons donc pas de temps et commençons par la première source d'agacement, votre Karma.

L'épuration du Karma

J'ai déjà expliqué en quoi consistait le Karma. C'est en quelque sorte la somme de toutes les expériences dont vous n'avez pas tiré les enseignements et des sentiments non exprimés. C'est un fardeau qui vous éloigne de votre authenticité. J'y reviendrai plus en détail ultérieurement.

Construire ce Karma et le déconstruire font partie de la Voie de l'Âme. C'est une manière d'apprendre. Tout le monde commet des erreurs et se constitue un Karma, pour ensuite apprendre à s'en défaire. Cela fait partie du développement de la sagesse. L'épuration du Karma est donc elle aussi une mission de l'Âme.

Vous pourriez voir vos fardeaux comme un poids, une punition de Dieu, mais aussi comme une opportunité. Chaque jour, vous avez une nouvelle occasion de vous défaire de ces fardeaux. Vous faites face à des coïncidences qui font naître en vous un sentiment. Dans le cas d'un sentiment de satisfaction, vous savez que vous êtes sur la bonne voie. Si ce sentiment est désagréable, vous avez la chance de pouvoir vous en débarrasser.

Il n'existe par ailleurs pas de mauvais sentiments, car même s'ils sont désagréables, ils vous sont nécessaires. Si vous vous défaites de ce qui vous est désagréables, l'expérience devient alors agréable. Un sentiment désagréable finit donc par vous donner satisfaction!

Permettez-moi de vous expliquer comment naissent vos sentiments. Dans chaque situation, votre Âme vous signale si une chose est bien ou non. Une expérience est en harmonie avec votre Âme ou ne l'est pas. Cette expérience agréable/désagréable fait naître un sentiment. Vous ressentez un sentiment agréable ou désagréable. Vous ressentez par exemple de l'attachement, de la satisfaction, du bonheur, de la solitude, de la colère, du chagrin...

Ne confondez pas sentiments et émotions. Un sentiment se traduit par une émotion lorsqu'on refuse de ressentir. Les pleurs, les cris, les comportements non verbaux sont souvent la conséquence d'un sentiment refoulé. Mais si l'on ressent réellement, on ne peut pas verser dans l'émotion.

L'émotion est souvent un moyen de pression, une manière d'attirer l'attention, d'influencer son entourage. Il vaut dès lors mieux laisser libre cours à vos émotions lorsque vous êtes seul. Vous pourrez alors être certain de ne pas exercer de pouvoir sur autrui.

Revenons-en à présent à l'épuration, qui se produit en 5 étapes. Cette règle de 5 est au cœur d'une vie spirituelle consciente et vous permet de garder les pieds sur terre. Vous pouvez l'appliquer à tout moment, dans chaque situation. Elle vous aidera à gagner en sagesse, à clarifier la Voie de votre Âme, à découvrir votre authenticité, mais avant tout à mettre votre sagesse en pratique.

Je ne peux que continuer à insister sur ce point: la véritable spiritualité consiste à mettre en pratique la Voie de votre Âme. Agir sans en tenir compte relève de la bêtise pure et simple.

EPURATION - ETAPE 1: LE RESSENTI

La première étape consiste à ressentir. Cela se fait lors d'un événement concret et de préférence au moment-même. Ressentez ce qu'une chose vous fait, respirez par le ventre, soyez conscient de ce que vous vivez. C'est un mode de vie fondamental, par lequel commence la prise de conscience.

Vous pouvez vous entraîner. Si cela ne fonctionne pas, réfléchissez chaque soir avant de vous endormir à la journée écoulée et demandez-vous: quels sentiments cet événement a-t-il suscités en moi? Qu'ai-je trouvé agréable? Qu'ai-je trouvé désagréable? Qu'est ce qui m'a fait me sentir bien? Qu'est-ce qui m'a fait me sentir mal?

Vous pouvez tenter de faire à nouveau appel à ce ressenti en vous déplaçant dans la situation, en vous replaçant dans l'événement. Vous retrouverez peut-être alors le sentiment qui vous aviez depuis oublié.

Cet exercice vous permet de réduire le laps de temps entre l'identification de ce sentiment et l'événement même, jusqu'à ce que vous soyez en mesure d'identifier sur le moment-même ce qu'une chose suscite en vous.

Si cela ne fonctionne pas, commencez par parler pendant l'expérience. Utilisez les mots «Qu'est-ce que cela suscite en moi, je me sens...», même si vous ignorez encore comment vous vous sentez. En parler rendra les choses plus claires, cherchez les mots et vous les trouverez. Vous apprendrez ainsi à ressentir. Cela demande une décision de votre part.

Je vous ai déjà expliqué le Cycle des Types. Vous savez que vous devez parcourir ce cercle au moins une fois pour arriver à un sentiment final. En parler est en quelque sorte une action, qui vous rapproche de votre sentiment. C'est le passage vers l'étape suivante de l'épuration.

EPURATION - ETAPE 2: LA VERBALISATION

La deuxième étape consiste à mettre des mots sur ce que vous ressentez. C'est une étape indispensable. Vous pouvez le faire seul à voix haute, avec votre partenaire ou un ami. L'idéal est de le faire au moment où vous ressentez ce sentiment.

Cette verbalisation clarifie la situation. Efforcez-vous dès lors d'expliquer ce sentiment avec le plus de détail possible. En parlant, ce qui est une forme d'action, apparaissent de nouvelles facettes de l'événement. Si vous n'en parlez pas, ces facettes ne feront pas surface.

Mettre des mots sur ce que vous ressentez permet aussi de relâcher la tension liée à l'expérience. Lorsque vous vous exprimez, faites-le avec vos sentiments et non pas avec la raison. Il est crucial de vivre votre sentiment en l'exprimant, cela vous permet de vivre et de ressentir pleinement l'expérience.

L'expression de vos sentiments sur le moment, voire après, présente un autre avantage: celui de créer de la clarté pour votre entourage. Exprimez vos sentiments sans arrière-pensée, sans chercher à blesser l'autre, sans vouloir donner de leçon, sans vouloir par là obtenir quelque chose.

La seule attitude correcte est dès lors d'exprimer ce qu'une chose vous fait, sans accuser l'autre.

Permettez-moi de citer un exemple: votre enfant fait une bêtise et cela vous fâche. Faire part d'un sentiment aux enfants peut rapidement devenir dangereux. Si vous lui dites «À cause de toi, je suis fâché», vous l'agressez.

Vous abusez de votre sentiment pour manipuler votre enfant et orienter sa réaction. Votre enfant pourrait en conclure que sa maman est fâchée et qu'il est donc mauvais. Il pourrait alors penser à tort qu'il faut manipuler les autres au travers de sa colère.

Si votre enfant enfreint une règle, vous avez le droit d'être fâché. Faites-lui savoir comment vous vous sentez quand il enfreint une règle. Votre enfant comprendra alors clairement que la colère est liée au non-respect de la règle.

Il est toujours bon d'exprimer des sentiments lorsqu'il s'agit des siens. Aucun débat rationnel n'est possible, votre sentiment vous est propre.

L'expression suivante l'illustre parfaitement:

Verbaliser ses sentiments ne peut nuire, à condition de ne pas les rejeter sur l'autre!

Faites donc savoir ce que vous ressentez, sans accuser l'autre. Cela demande un certain entraînement. Vous pouvez faire le lien avec le comportement de l'autre, pour ensuite expliquer quels sentiments cela fait naître en vous. Ni plus, ni moins.

Réfléchissez également à cette phrase et à l'intérêt de faire part à l'autre de ses sentiments. S'il n'est ni souhaitable ni judicieux d'en faire part, exprimez-le pour vous-même ou auprès d'une tierce personne.

Supposons que votre mère soit âgée de 90 ans et soit à l'article de la mort. Vous ressentez encore une série de frustrations à propos de votre éducation. Allez-vous encore les lui mettre sous le nez ? Cet exemple est extrême, évidemment, mais vous voyez ce dont je parle. Posez-vous à chaque fois la question de savoir s'il est vraiment judicieux et souhaitable de le faire, vous prendrez ainsi conscience de vos intentions.

La verbalisation de votre sentiment n'est donc pas un dogme absolu, mais une part essentielle de votre être, qu'il convient d'aborder de manière consciente.

Ne sous-estimez pas l'impact de l'expression ou non de votre sentiment. Si vous vous retrouvez dans une situation qui suscite en vous de la colère mais que vous ne l'exprimez pas, cette colère restera dans votre corps.

Cela vous incitera à adopter un autre comportement. Vous exprimerez alors votre colère d'autres manières. Vous deviendrez à cran, intolérant, rapidement irrité, enclin à la vengeance, vous commencerez à dire des choses qu'il vaut mieux éviter de dire. Ce silence a donc plus de conséquences qu'on imagine, puisqu'il définit votre comportement.

L'ambiance changera également une fois exprimée votre colère. Le ciel s'éclaircit, si on peut dire, les tensions se dissipent. Or vous avez souvent peur d'exprimer votre sentiment et voyez davantage les inconvénients que les avantages. Vous allez dès lors dans la mauvaise direction. Si vous choisissez de taire un sentiment, tout ira de mal en pis.

Je souhaite accentuer par ailleurs qu'une colère non exprimée attire également la négativité. Elle fait naître une spirale négative. Sans vous en rendre compte, vous finissez dans la sphère négative. Sachez donc que vous vous faites du mal en n'exprimant pas votre colère. Vous voilà averti.

L'expression de vos sentiments n'est donc pas uniquement indispensable pour votre purification, elle est une démarche vitale pour pouvoir vous sentir bien dans votre peau.

J'ai surtout parlé de la colère, et ce parce qu'une mauvaise gestion de celle-ci a des conséquences très néfastes pour vous. Mais il va de soi que ce raisonnement vaut pour tous les sentiments désagréables.

Chaque sentiment désagréable non exprimé vous pousse à agir d'une manière qui ne vous correspond pas. Ces agissements sont une manière de traiter les sentiments, mais une manière absolument erronée.

Le rejet est un autre exemple de sentiment désagréable aux conséquences considérables. Vous êtes rejeté mais refusez de le ressentir, et encore plus de l'exprimer. Par conséquent, vous aurez tendance à vous-même rejeter. Vous ferez subir ce sentiment non exprimé aux autres. De cette manière, vous vous humiliez, vous rejetez tout amour envers vous-même!

Un rejet est le signe que vous allez vers ce que votre Âme ne souhaite pas!

En effet, si une chose vous correspond, elle n'est pas rejetée. Occulter les sentiments de rejet peut également vous mener dans une spirale négative et attirer la négativité.

Prenons pour dernier exemple de sentiment non exprimé le chagrin. Vous rencontrez souvent des gens qui ont l'air véritablement malheureux. Ce chagrin est lié au fait qu'ils n'osent pas accepter leur chagrin, le ressentir et l'exprimer.

En conclusion, les sentiments non exprimés et ressentis pleinement définissent votre comportement. Tout cela se produit à un niveau inconscient. Il est donc important de développer cette prise de conscience de vos sentiments.

Mais ce ressenti vous pose peut-être problème, vous avez peut-être appris à le refouler pour vous protéger d'expériences douloureuses. Quoi qu'il en soit, défaites-vous de cette habitude. Décidez d'accepter de ressentir, d'oser vous laisser toucher.

La liste suivante de sentiments sera peut-être source d'inspiration:

- Craintif : angoissé, paniqué, inquiet, sur mes gardes, terrifié, perturbé, méfiant
- Fatigué: léthargique, vide, endormi, éteint, exténué, abattu
- Impuissant: désespéré, découragé
- Vulnérable : sensible, incertain
- Averse: rancunier, méprisant, dégouté, écœuré
- Anxieux: mal à l'aise, honteux, confus
- En souffrance: esseulé, plein de remord, brisé, tourmenté, blessé, dévasté
- Nerveux: grincheux, irrité, impatient, mécontent, contrarié
- Fâché: furieux, énervé, fou de rage, consterné, en colère, vindicatif
- Désireux: envieux, jaloux, convoiteux
- Confus: hésitant, stupéfié, perplexe, déconcerté, perdu
- Navré: triste, mélancolique, malheureux, déçu, déprimé, désappointé
- Absent: distant, résigné, froid, indifférent, renfermé, ennuyé, aliéné

Vous vous identifiez certainement à certains de ces mots à leur lecture. Certains vous touchent plus et vous correspondent mieux que d'autres. Voilà une première idée de la tâche qui vous attend. Votre Âme est d'ailleurs sensible aux mots et y réagit immédiatement. Du moins si vous l'y autorisez!

Je tiens à ajouter qu'il ne suffit pas de vous sentir juste bien ou mal pour exprimer ces sentiments, loin de là. C'est peut-être une première étape pour affiner ce que vous vivez.

Commencez par vous dire: en fin de compte, cela ne me plaît pas, et poursuivez votre démarche. En parler vous permettra d'identifier un sentiment réel. Plus vous parlez, plus l'étape suivante sera facile.

EPURATION - ETAPE 3:
LA COMPREHENSION SPIRITUELLE

La troisième étape dans l'épuration des fardeaux, le nettoyage du passé, consiste à chercher à comprendre. Que pouvez-vous apprendre de cet événement? Pourquoi cela vous arrive-t-il? Quel enseignement pouvez-vous en tirer?

Ces questions constituent la base de la Compréhension Spirituelle! Nous sommes enfin arrivé au noyau de mon Message. J'ai même insisté qu'un Centre soit institué à ce sujet, le Centre de la Compréhension Spirituelle!

La Compréhension Spirituelle, c'est une mission souvent compliquée. Parler de vos enseignements avec quelqu'un est déjà très utile. Voilà la raison d'être du Centre. Parceque une expérience peut offrir plusieurs enseignements. Souvent individuellement on arrive pas à deviner les bonnes conclusions.

Néanmoins, vous êtes capable de faire une première démarche vous-même. Je vous offres quelques conseils. Comment faire pour en tirer une leçon?

La première manière consiste à vous baser sur le sentiment ressenti au cours de cette expérience. Par exemple, si vous vous sentiez humilié, quel élément rend pour vous cette expérience une humiliation? Êtes-vous au mauvais endroit? Êtes-vous entouré de mauvaises personnes? Est-ce que vous ne défendez pas vos propres intérêts? Est-ce que vous vous laissez marcher dessus?

Une astuce pour parvenir à déterminer tout cela consiste à revenir à votre enfance. Cherchez dans votre enfance ou votre adolescence une expérience qui vous a procuré un sentiment identique.

Dans cet exemple de l'humiliation, est-ce que je me rappelle d'une situation où j'ai ressenti un sentiment similaire? Demandez-vous ensuite: qu'aurais-je pu, avec la sagesse et l'expérience qui sont aujourd'hui les miennes, faire différemment dans cette même situation?

Enfant, vous ne disposiez évidemment pas des mêmes possibilités qu'aujourd'hui. Vous ignoriez encore comment vous défendre, vous deviez avoir un comportement exemplaire, conforme aux règles imposées par les autres, vous ne pouviez éviter les personnes proches de vous.

Mais aujourd'hui, vous êtes une tout autre personne, riche d'expériences, de maturité et de sagesse. Appliquez tout cela à votre passé maintenant!

Une fois que vous en tirez une leçon, il se peut que vous compreniez également votre expérience humiliante récente. Essayez d'appliquer la leçon tirée de votre enfance à la situation actuelle. Vous sentiriez-vous encore humilié? Ceci vous apprend si la leçon tirée est la bonne.

Il se peut qu'enfant, vous n'ayez pas osé affirmer vos limites. C'est logique de ne pas pouvoir le faire à cet âge, ne vous sentez donc pas coupable. Enfant, vous vous laissiez peut-être fortement influencer par les autres et partiez du principe qu'ils avaient toujours raison. Ce constat peut aussi en amener un autre. Vous ne devez pas prendre pour argent comptant ce que les autres disent. Vous avez le droit d'avoir votre propre avis et de le défendre.

Vous ne pouvez plus rien changer aux expériences de votre enfance. Ne vous y attardez donc pas trop. Par contre, vous avez besoin de ces expériences pour en tirer des enseignements aujourd'hui. Acceptez le passé, tirez-en les enseignements possibles et laissez ensuite ce passé derrière vous. Voici un résumé systématique de cette approche:

- Quel sentiment ressentez-vous à présent? Identifiez-le et décrivez-le le mieux possible.

- Quand et où avez-vous ressenti ce même sentiment dans votre jeunesse?

- Qu'auriez-vous à l'époque pu faire différemment, à la lumière de votre sagesse et de votre expérience actuelle?

- Que retirez-vous de cette approche?

Faites le test en appliquant cette nouvelle leçon à votre expérience récente. Comment vous sentiriez-vous si vous la mettiez en pratique?

Cette manière d'apprendre est idéale pour se délester des fardeaux. Il en existe cependant d'autres, et je vais vous les énumérer. Il s'agit d'une brève digression, mais cela me semble utile d'approfondir quelque peu la question.

Dans les cinq étapes mentionnées plus haut, vous partez du sentiment suscité par l'expérience. Mettre des mots sur ce moment vécu permet d'éclaircir la situation et il se peut que vous puissiez déjà en tirer une conclusion, un enseignement. Le lien avec le passé est une astuce supplémentaire. Mais d'autres approches sont possibles.

En effet, vous vous retrouvez toujours face à des coïncidences qui vous permettent de comprendre ce à quoi vous faites face, et c'est là une deuxième manière de comprendre. Cherchez dès lors le sens métaphorique ou symbolique de cette coïncidence. Cela en dit long sur ce que vous devez en retirer. A la fin du chapitre suivant, je vous en donnerai un exemple.

Une troisième manière consiste à étudier les éventuelles maladies et symptômes physiques. Vous pouvez tenter de les interpréter. Les proverbes vous donnent souvent une bonne indication. Si par exemple vous avez mal au genoux, réfléchissez à se mettre au genoux de deux côté, l'exagération ou la sous-estimation. En plus, toutes les maladies ont une raison spirituelle. J'y reviendrai dans un autre ouvrage.

Une quatrième manière de procéder consiste à vous demander «Que me reflète l'autre à mon propos?» Vous essuyez peut-être une volée de critiques et vous demandez ce que vous pouvez en apprendre. C'est par exemple le miroir de votre propre comportement car vous émettez de nombreuses critiques envers les autres.

Mais cet effet miroir peut également vous indiquer l'inverse, à savoir que l'autre vous laisse voir ce que vous n'osez pas faire. Vous êtes ainsi face à vos propres limites.

L'intolérance, abordée précédemment, illustre également cette idée. Quel comportement supportez-vous difficilement chez l'autre? Il s'agit souvent d'un reflet à travailler chez vous-même!

Une cinquième manière de procéder consiste à analyser votre expérience sous l'angle de votre Code ADN. Votre Code Age en est la base principale, mais les autres caractéristiques du Code peuvent également être très éclairantes.

Vérifiez ainsi par exemple si vous avez agi conformément à votre Code dans la situation dans laquelle vous vous êtes senti humilié. Cette technique vous apportera une foule d'informations.

La sixième approche, c'est la méditation. Le contact créé avec le Monde des Esprits au travers de la méditation offre un accès aux connaissances et à l'expérience de votre Guide. Cela peut également vous aider à aboutir à la bonne conclusion. Je vous ai déjà expliqué comment vous y prendre.

Et enfin, une dernière manière consiste à vous servir de votre sagesse, de votre conscience et de vos expériences. Vous en savez davantage que vous ne le pensez. Votre intuition est une grande source d'informations, il s'agit avant tout d'en prendre conscience.

Vous pouvez avoir recours à d'autres méthodes pour comprendre, l'astrologie, le tarot et les médiums. Je tiens à vous mettre en garde ici.

L'astrologie et le tarot peuvent certes être d'une grande aide, mais ces techniques vous permettent de conclure tout ce que vous voulez. Seule un spécialiste est en mesure d'apporter la bonne interprétation. Or ce n'est hélas pas toujours le cas.

Ne confondez par ailleurs pas une explication et une leçon. Une leçon est un changement dans vos propres actes que vous souhaitez appliquer désormais à votre vie. Une explication est la raison pour laquelle vous avez agi d'une certaine manière dans le passé. Une explication peut être la source d'une leçon, mais elle est insuffisante en soi. La leçon nécessite une volonté, un changement concret de comportement. Elle est la réponse à la question: que vais-je désormais faire différemment?

Ceci est toujours la dernière réponse nécessaire pour arriver à la Compréhension Spirituelle. Ne l'oubliez pas! Alors, le résumé:

Sept outils pour développer de la Compréhension Spirituelle:

1. **La verbalisation des sentiments**
2. **Les coïncidences**
3. **Les symptômes physiques**
4. **Que reflète l'autre à mon propos?**
5. **Le Code ADN**
6. **La méditation**
7. **L'intuition**

La Compréhension Spirituelle est la réponse aux questions suivantes:

- **Que pouvez-vous apprendre de l'événement vécu?**
- **Pourquoi cela vous arrive-t-il?**
- **Quel enseignement pouvez-vous en tirer?**
- **Qu'allez-vous désormais faire différemment?**
- **Est-ce que cela amènera à un autre résultat dans une situation similaire?**

La Compréhension Spirituelle peut donc se tirer de diverses manières. Vous arriverez à la bonne conclusion en testant ces différentes approches. Vous disposez désormais d'outils pratiques pour y parvenir et, ne l'oubliez pas, c'est en forgeant qu'on devient forgeron.

Pour vous approprier cette leçon, il vous faut vivre l'expérience pleinement. Vous devez vivre les aspects de cet enseignement liés au ressenti, à la pensée et à l'action pour vous l'approprier.

Si vous vous contentez de la partie liée à la pensée, cela ne sera pas concluant, puisque vous ne l'aurez pas suffisamment «vécu». Vous ne l'avez pas intégré dans votre mémoire, mieux connue sous le nom «conscience» ou «sagesse».

Après cette brève digression, revenons-en à l'épuration et à l'étape suivante de celle-ci.

EPURATION - ETAPE 4: LES CONSEQUENCES

La quatrième étape de l'épuration est compliquée. Comprendre entraîne un gain de sagesse. Mais la mise en pratique de cette sagesse a des conséquences. Nombreux sont ceux qui refusent cette mise en pratique par crainte des conséquences. Si vous refusez constamment de le faire au niveau de votre Code Âge, vous en revenez à l'histoire du Code-Z, expliquée plus haut. Mais cela peut également être plus simple, dans un domaine spécifique.

Si par exemple, votre conclusion est que vous n'appréciez pas une personne, et pourtant vous maintenez le contact envers et contre tout. C'est une règle tacite, il faut aimer tout le monde.

Dans ce cas, vous agissez à l'encontre de votre Âme. Faites donc attention à ces règles tacites, ces fameuses normes sociales. Seules vos propres normes et vos propres valeurs doivent déterminer vos faits et gestes.

Penchez-vous alors un instant sur les conséquences de ce savoir. Faites-le consciemment, sans quoi les schémas inconscients garderont le dessus. Voyez quelles sont les conséquences de cette conclusion pour vous, votre entourage, votre famille ou vos collègues.

Posez-vous la question: si j'agis conformément à ma conclusion, que se passera-t-il et puis-je en accepter les conséquences? Voyez la réalité bien en face.

Il est indispensable d'accepter ces conséquences pour pouvoir passer à l'étape suivante de l'épuration.

EPURATION - ETAPE 5: LES ACTES

La dernière étape de l'épuration consiste à décider de mettre en pratique la leçon apprise. Vous aurez alors résolu une partie du passé et pourrez passer à la partie suivante.

Agir dans le respect de votre sagesse, telle est l'essence de la spiritualité. C'est source de satisfaction, de motivation, de contentement.

Beaucoup restent coincés à cette dernière étape, ils n'ont pas le courage d'apporter de réels changements. Les 4 étapes précédentes sont alors une perte d'énergie. La Voie de votre Âme ne se dévoile qu'au fil des actes.

Toute expérience suscite en effet toujours un sentiment, qui confirme que vous êtes sur le bon chemin et transforme la satisfaction générée en force pour aller de l'avant.

Vous savez désormais comment vous délester de vos fardeaux grâce à ces cinq étapes. Servez-vous des coïncidences qui s'offrent à vous pour vous atteler à la tâche. Ne partez pas de votre passé mais du moment présent. Vous pourrez faire ensuite le lien avec le passé.

Les coïncidences qui s'offrent à vous aujourd'hui vous permettront de vous débarrasser des fardeaux les plus urgents. Le Monde des Esprits sait quelles sont pour vous les priorités et crée une coïncidence appropriée à cet égard.

Vous avez la possibilité d'enfiler votre tenue de travail et de vous y mettre. Si vous ne le faites pas, vous aurez l'occasion de le faire à un autre moment, jusqu'à ce que vous acceptiez de vous lancer.

Heureusement, nous sommes patients ici au Monde des Esprits, du moins bien plus que la moyenne des gens. Sachez toutefois que vous vous délesterez de vos fardeaux un jour ou l'autre: si ce n'est pas maintenant, ce sera plus tard, ou dans une autre vie.

L'épuration jette une lumière nouvelle sur votre Karma. Le Karma est donc une source de sagesse. Vous avez accumulé des erreurs pour en tirer les bonnes conclusions. Cela donne une idée toute nouvelle du Karma. Il ne s'agit plus du «sort», de la punition de Dieu, mais de la conséquence de vos propres actes, dont vous pouvez tirer des enseignements quand le moment sera venu.

Le Karma est donc une source de sagesse, une manière de croître et de réaliser les vœux de votre Âme. Lorsque vous y travaillerez, vous vous sentirez chaque jour un peu plus «entier» et un peu plus «Dieu».

L'épuration des craintes

J'ai déjà parlé des craintes, des craintes primitives, de la Crainte Sphère, de la crainte des conséquences de nos actes si l'on suit son Âme, ...

Disons qu'en gros, vous êtes la victime de vos craintes. Vos actes sont donc dictés par votre pensée et non par votre Âme. Vos craintes sont souvent grandes et semblent insurmontables. Elles vous empêchent de trouver une issue, elles aveuglent et paralysent.

Le premier pas vers le changement consiste à prendre conscience que vous êtes la victime de vos craintes. Alors acceptez-les. Voyez-les en face.

L'approche suivante pourrait vous être utile: quand vous ressentez une crainte, sachez que vous êtes sur la bonne voie. Il est utile de laisser libre cours à cette anxiété. Elle fait partie intégrante de vous, alors ne fuyez pas devant elle. L'acceptation de votre crainte est indispensable pour ne plus en souffrir.

Une première manière de faire face à vos craintes consiste à les percer. Laissez votre crainte grandir, imaginez un scénario catastrophe, pour ensuite constater qu'elle est non fondée, qu'elle est le fruit de votre imagination et ne cadre pas avec la réalité.

Imaginons que votre crainte primitive soit d'être dans le besoin. Ne sous-estimez pas l'impact de cette crainte car elle pèse sur vos faits et gestes. Il se peut que vous vous mettiez à fortement limiter vos dépenses, ou à travailler d'arrache-pied pour gagner un maximum.

Vos craintes vous poussent à adopter un certain comportement qui ne correspond pas à votre Âme. Mais quelle est la solution? Ressentez cette crainte et imaginez un scénario catastrophe où vous avez tout perdu. Une fois bien construit votre scénario, demandez-vous si cela correspond à la réalité.

Cette question vous ramènera les pieds sur terre. Vous pourriez en conclure que vous ne manquerez jamais véritablement de rien, que vous pourrez toujours vivre selon vos moyens, que le système social en place prévoit un filet de sécurité et que cette crainte est totalement infondée. Vous dépasserez cette illusion une fois constaté à quel point elle n'est pas réelle. Vous admettrez peut-être aussi que vous pouvez renoncer à votre comportement erroné.

Une deuxième manière de faire face à vos craintes consiste à vous demander: «Et si...!». Supposons que vous craigniez de vous retrouver seul. Cela vous pousse à entretenir des liens qui ne vous correspondent peut-être plus du tout. Vous ferez des choses pour les autres pour ne pas être seul, sans même vous demander si vous feriez ces choses spontanément.

Mais «et si...» vous vous retrouviez seul? Réfléchissez un instant à cette question. Serait-ce vraiment grave? Quel en serait l'avantage?

Vous découvrirez peut-être que vous avez plus de temps pour vous, que vous ne devez plus courir après les autres, que vous avez la liberté de faire ce que vous désirez réellement.

Quand vous comprenez ensuite à quel point cette crainte vous a incité à adopter un comportement qui ne vous convient pas, vous pouvez alors apporter les changements nécessaires et aller vers un équilibre qui vous correspond mieux. Vous découvrez la Voie de votre Âme et laissez de moins en moins vos craintes prendre le dessus.

Ce faisant, vous faites de vos craintes un savoir. Ce savoir vous renforce, littéralement. Il renforce l'estime, l'amour et la confiance que vous vous portez.

Vous avez donc en main les clés pour vous laisser ou non guider par vos craintes. Vous pouvez choisir d'en être la victime ou de les transformer en savoir. Cette dernière option fait de votre faiblesse votre force.

Sachez que votre crainte naît du fait que vous ne laissez

pas libre cours à un sentiment. Vous avez un jour vécu une expérience trop forte et vous avez choisi de ne plus revivre ce sentiment. Vous développez ainsi la crainte de ressentir cela à nouveau et vous bloquez totalement ce ressenti.

Lorsque vous ressentez une crainte, demandez-vous alors quel sentiment vous refusez de ressentir. La prise de conscience de ce refus est cruciale. Elle permet de décider de revivre cette expérience, de rassembler votre courage et de choisir de ressentir malgré tout.

Vous constaterez que ce sentiment désagréable l'est en réalité moins que vous ne le pensiez. Vous ne pouvez vivre cela qu'au travers d'une expérience concrète, une coïncidence. C'est impossible à simuler si vous restez assis confortablement dans votre fauteuil. La découverte de la Voie de votre Âme exige de vivre la vie en toute conscience et d'être ouvert à chaque expérience.

Je ne pense pas devoir approfondir davantage la nécessité de percer vos craintes. Vous aurez à présent compris l'importance de cette expérience pour pouvoir vous délester. Les craintes entravent donc ce processus. Une fois acceptée cette expérience, vous pouvez passer à l'étape suivante, et ainsi comprendre, accepter et changer. Ainsi disparaît la crainte. Vous apprenez à ressentir au lieu de laisser cette crainte vous paralyser. Cela semble simple, et ça l'est.

Vous avez jusqu'ici reçu une foule d'informations sur la découverte de la Voie de votre Âme et une foule d'autres arrivent dans la suite de cet ouvrage. Vous vous demandez peut-être par où commencer.

Laissez le hasard agir. Vivez ce qui se présente à vous. Réfléchissez à ce qui est important pour vous aujourd'hui et sachez que vous ne pouvez faire qu'une seule chose à la fois.

Si vous ne vous en sortez pas, feuilletez ce livre: le hasard vous apportera son aide à nouveau. Vous tomberez bien sur un passage qui vous parle et correspond à la situation que vous vivez.

L'épuration des errances rationnelles

J'aimerais à présent aborder le thème de la raison, de la pensée. La matière grise est indispensable, évidemment, mais elle peut aussi vous jouer bien des tours. L'appellation «matière grise» est évocatrice. Un usage excessif donne mal au crâne et a pour seul résultat de créer une zone grise. Je vous en ai déjà donné quelques explications précédemment.

La raison est indispensable au quotidien pour pouvoir fonctionner dans la société. C'est un atout. Mais passons à présent à la loupe l'utilité spirituelle de la raison.

D'un point de vue spirituel, la raison est nécessaire pour pouvoir traduire un sentiment par un acte approprié dans la pratique. Ceci renvoie à la chronologie du Cycle des Types. La raison vous permet de préciser votre sentiment. Réfléchir à vos sentiments vous permet en effet de décider de ce qu'il convient de faire.

Mais la raison a un côté séduisant. L'imagination, les suppositions, les pensées sont autant d'éléments qui vous détournent davantage de vous-même que vous ne l'imaginez. J'insiste dès lors pour que vous fassiez de votre sentiment votre boussole et que vous réfléchissiez ensuite.

Voici un premier conseil si jamais vous vous sentez guidé par votre raison.

Parlez et tout deviendra clair.

Vous ne laissez ainsi plus libre cours à votre raison. Mettez un frein à votre raison démesurée, cela vous épargnera bien des misères. Pour ce faire, il vous suffit de raconter ce qui vous arrive. Vous pourrez alors identifier votre sentiment.

Voici un petit exemple pour que cela soit plus clair. Vous imaginez par exemple qu'une personne vous en veut. Si vous vous laissez aller à cette supposition et laissez libre cours à votre raison, vous pourriez imaginer une centaine de raisons pour justifier votre supposition.

Mais est-ce la réalité? La solution est pourtant simple:

demandez à l'autre s'il vous en veut. Les choses seront plus claires et vous remarquerez que la raison vous induit souvent en erreur.

Vous n'êtes pas non plus en mesure de vous mettre à la place de l'autre. Cette idée est totalement fausse. Votre supposition repose purement et simplement sur votre propre expérience.

Il se peut que l'autre vous reflète quelque chose, mais cela ne veut pas nécessairement dire quelque chose à son sujet, mais uniquement et surtout à propos de vous. Si vous avez par exemple l'impression que l'autre ressent de la colère, cherchez où se trouve la colère en vous.

Sachez également ceci:

L'imagination est une forme de lâcheté qui cache la question directe.

Vous ne pourrez dès lors qu'émettre des suppositions, au lieu d'accepter la confrontation. C'est une manière d'agir très sûre puisque dans votre tête, vous avez toujours raison. Même si c'est complètement faux.

Votre raison suscite également des attentes. Sans rien dire, vous attendez de l'autre qu'il fasse ceci ou cela. Ça aussi, c'est un piège. C'est en quelque sorte un pouvoir exercé sur l'autre. Car si l'autre ne répond pas à vos attentes, vous tenterez, ouvertement ou non, de l'amener à le faire.

Une attente est également un manque de courage: vous n'osez pas faire face à la confrontation et demander de quoi il retourne.

Je pourrais parler encore longuement de l'imagination et des attentes, mais j'ai déjà dit l'essentiel. Réfléchissez un instant à votre propre comportement. A quel moment vous laissez-vous guider par votre imagination, quand et envers qui nourrissez-vous des attentes? Et surtout, comment pourriez-vous apprendre à les gérer différemment? Vous découvrirez à quel point cette démarche est délivrante.

La spiritualité est une verbe. Le changement est impossible si vous ne travaillez pas sur vous-même et en plus, si vous changez, cela aura un effet immédiat sur votre entourage.

Revenons-en à la raison. Vous savez à présent que vos craintes vous empêchent de ressentir. La crainte est effectivement un produit de la raison, une fuite face au ressenti. Vous avez très souvent recours à la raison pour fuir. Non seulement en raison de vos craintes, mais aussi tout simplement parce que c'est un moyen très simple pour ne pas devoir ressentir.

En effet, le ressenti ne se contrôle pas, il ne se maîtrise pas, vous ressentez ce que vous ressentez. Pour beaucoup de gens, c'est une menace, et la solution la plus simple est alors de se réfugier derrière la raison. Là, le contrôle est possible, on peut penser ce que l'on veut, quand on le veut.

Mais une fois que vous savez qu'il s'agit d'une fuite, quand vous prenez conscience de trop souvent vous réfugier dans vos pensées, vous pouvez alors y remédier. C'est encore une fois une question de prise de conscience et de volonté d'agir.

Vous vous rendrez ainsi compte que votre raison pèse sur votre ressenti, au sens propre comme au sens figuré, un peu comme un poids sur votre estomac. Vous vous rendrez alors également compte que ce n'est pas la bonne manière d'agir. Vous comprenez désormais clairement tout l'intérêt du ressenti.

Je vous invite à nouveau à réfléchir à la manière dont vous gérez votre raison. A quel point vous y réfugiez-vous ? Avez-vous peur de ressentir ? Si vous identifiez des schémas inconscients en vous, vous verrez qu'un nouveau monde s'ouvrira à vous.

J'ajouterai encore quelques exemples de tentations de la raison. Le sentiment de culpabilité, pour commencer. Ce n'est par définition pas un sentiment, mais un schéma de pensée purement normatif. Vous pensez vous sentir coupable, parce que vous ne répondez pas aux exigences et aux attentes des autres.

Le terme culpabilité ou plutôt le «sentiment de culpabilité» induit donc en erreur. Se sentir coupable, cela n'existe pas. En pensant être coupable, vous faites néanmoins naitre un sentiment, vous vous sentez souvent victime.

Voilà donc un autre exemple de la façon dont la raison vous induit en erreur. Vous n'êtes jamais la victime.

Cette affirmation vous pousse peut-être à vous dire que cela ne correspond pas à ce que vous vivez. Permettez-moi d'approfondir la question: vous vous sentez régulièrement victime. Cette expérience est réelle.

Cela peut se faire sentir par une forme d'insensibilité, vous ne ressentez plus rien, mais il se peut également que vous vous sentiez dépressif, malheureux, défavorisé. Quel que soit le sentiment ressenti, vivez-le, mettez des mots dessus et si vous tentez de comprendre, vous ne pourrez aboutir qu'à une seule conclusion: vous n'êtes jamais victime.

Vous êtes en effet la cause et la conséquence. Vous êtes à la source de tout ce qui vous arrive. C'est une conclusion lourde et difficile, mais elle vous met face à vous-même et face à la responsabilité que vous avez de vous-même. J'y reviendrai dans le chapitre suivant.

Les promesses et les résolutions vaines sont elles aussi des idées fausses induites par la raison. Elles sont inutiles. Si vous souhaitez changer quelque chose en vous, n'en faites pas une résolution, faites-le dès à présent!

Les traditionnelles résolutions du Nouvel An illustrent parfaitement cette stupidité. Cette liste de résolutions pour l'année à venir n'a aucun sens. Faites ce que vous décidez de faire au lieu de simplement y réfléchir et de prévoir de vous y mettre.

Les obstacles de la raison sont légion. Encore un exemple? Je vais à nouveau vous placer face à votre miroir: êtes-vous de nature optimiste ou pessimiste?

Vous avez la réponse à cette question avant de poursuivre votre lecture? Vous risquez de perdre vos illusions:

L'optimisme est souvent une forme de pessimisme camouflé.

Votre pensée vous joue à nouveau des tours. Vous tenez bien souvent à ne voir que le côté positif des choses. Vous vous sentez alors mieux, votre raison vous donne cette illusion.

Or vous fuyez la réalité. Quelle est alors la bonne attitude à adopter? Voyez la réalité en face, son côté agréable de même que son côté désagréable. Acceptez-la telle qu'elle est. Il n'est pas bon d'éviter son côté désagréable. Vous vous ôtez la possibilité de découvrir au travers du sentiment qui en découle ce que vous désirez réellement.

Si vous devez choisir entre être optimiste ou pessimiste, choisissez la deuxième option. C'est une attitude plus proche de la réalité.

J'ai suffisamment titillé votre raison. Cela vous donne un peu le vertige? C'est possible. Prenez le temps de bien laisser décanter tout cela.

Je tiens toutefois à vous mettre en garde, ce n'est pas fini. Je vais à présent passer aux «Egotistes»! Encore une distraction de la raison à laquelle je souhaite consacrer un sous-chapitre distinct.

L'épuration de l'Ego

Les «Egotistes», de quoi peut-il bien s'agir? Ce sont les personnes qui ne parviennent pas à trouver un équilibre entre l'Ego et l'Âme et se laissent influencer par le monde extérieur au lieu de se laisser guider par leurs vœux intérieurs.

Ne confondez pas l'Egotisme et l'individualisme sain. Vous êtes le centre de votre monde et cela n'a rien d'Ego-iste. Aimez votre prochain comme vous-même: ce dicton est souvent mal interprété. Aimez-vous d'abord, puis aimez ensuite votre prochain, voilà qui est plus facile à comprendre.

Car comment pouvez-vous aimer l'autre si vous ne vous aimez pas vous-même. Vous passez donc en premier.

L'Egotiste, lui, fait justement le contraire. Son comportement est dicté par le monde extérieur. C'est une forme de manque d'amour-propre et une sorte de double agenda. L'Egotiste est en effet convaincu que s'il se comporte comme le souhaitent les autres, il recevra quelque chose en échange. C'est une forme cachée d'exercice du pouvoir.

Cela ne peut qu'entraîner des désillusions, car le comportement Ego fait naître des attentes, et c'est un terrain glissant.

Je tiens toutefois à rappeler que l'Ego est indispensable pour bien fonctionner au sein de la société. En soi, l'Ego n'est donc pas une mauvaise chose, il fait partie intégrante de vous. Pour découvrir la Voie de votre Âme, il vous faut toutefois notamment identifier quand vous agissez en fonction de votre Ego et quand vous le faites en fonction de votre Âme. Il importe avant tout de déterminer quand vous vous laissez guider par votre Ego.

Seule l'expérience vous permettra d'apprendre à faire la distinction. Votre Ego vous pousse à agir en fonction des attentes du monde extérieur, des parents, de la famille, des amis, des collègues. Cela va pourtant souvent à l'encontre de ce que vous-même désirez et voulez.

Agir inconsciemment selon votre Ego n'est pas un geste d'amour envers vous-même. Vous vous laissez en effet séduire par le monde extérieur, vous subissez son influence. Vous avez également tendance à vouloir influencer les autres.

Votre Ego est en quelque sorte une série de modèles que vous avez conçus pour survivre, vous protéger, éviter de souffrir. Vous imitez souvent le comportement des autres pour ce faire. Vos parents sont souvent de grands exemples. Enfant, vous partez du principe qu'ils savent tout mieux que vous et adoptez dès lors leur comportement.

Mais vous continuez même après l'enfance à suivre ces «grands» exemples et vous voulez imiter leur comportement. En soi, ce n'est pas une mauvaise expérience, jusqu'à ce que vous compreniez que ce comportement ne vous correspond peut-être pas, ou jusqu'à ce que vous lui donniez une touche personnelle pour le faire vôtre.

Vous vous rendez souvent compte, à un âge plus avancé, que les exemples d'antan ne sont plus ceux d'aujourd'hui. Vous avez idéalisé et copié l'image de l'autre. Un jour, vous surmontez votre propre erreur liée à votre raison.

Vous apprenez à rompre l'influence du monde extérieur et à la remplacer par votre propre comportement, celui qui vous correspond.

Demandez-vous dès lors si votre manière d'agir vous semble réellement la bonne. Votre intuition vous sert à nouveau de boussole et permet de déterminer qui vous êtes réellement.

Les normes et les valeurs ont un effet néfaste. Votre éducation, à la maison et à l'école, vous inculquent des normes sociétales, et vous les tenez pour vraies.

Un bel exemple est que vous devez aimer manger de tout. Cela peut sembler trivial comme exemple, mais c'est crucial. La spiritualité réside également dans les petites choses. Pourquoi pour l'amour de Dieu mangeriez-vous une chose que vous n'aimez pas? Quel sens cela aurait-il?

Il convient dès lors de découvrir vos propres normes et valeurs et de les mettre en pratique. Vous remplacerez ainsi les normes inculquées par vos propres valeurs. Apprenez à ne pas tenir compte de l'avis des autres. Agir dans le respect de votre authenticité est source de force et satisfaction.

Vous définissez ainsi les principes de votre Âme. Ceux-ci déterminent vos limites, votre opinion. Ils sont les fondements de vos actes. Vous savez que vous voulez y rester fidèle et que vous acceptez les conséquences de leur mise en pratique. Cette démarche vous montre la Voie, elle vous offre un moyen de faire la part des choses.

Le lien avec les choses et les personnes qui vous correspondent en sera renforcé et vous renoncerez tout naturellement à ce à quoi vous devez renoncer. Vous découvrirez ainsi une part essentielle de la Voie de votre Âme.

Vous faites ainsi bon usage de votre Ego. Vous vivez dans une société dont vous ne définissez pas les règles. Vous devez donc parfois jouer le jeu, comme une sorte de rôle que vous assumez en pleine conscience. Vous gérer votre Ego en toute sagesse. Vous en faites bon usage.

Si vous laissez inconsciemment l'Ego prendre le dessus, vous vous détournez de qui vous êtes vraiment. C'est une sorte de comportement factice. Apprenez donc à faire la différence entre les deux approches. Pour ce faire, posez-vous un instant et demandez-vous: est-ce que cela me correspond vraiment? Est-ce vraiment ce que je souhaite? Est-ce que je fais cela pour moi ou est-ce que je me laisse entrainer par les autres? Comme toujours, votre ressenti vous apportera les réponses à ces questions.

Croître en sagesse vous permet également de bien gérer l'Ego. Sachez d'ailleurs qu'il est utopiste de vouloir vivre sans Ego. C'est impossible, et c'est totalement inutile.

La plus belle mise en pratique spirituelle de votre Ego consiste à fixer vos limites. Aux grands maux les grands remèdes, comme le dit le célèbre proverbe. Faire appel à votre Ego peut vous permettre, si nécessaire, de signifier clairement où sont vos limites. C'est bien souvent le seul moyen de faire comprendre à l'autre ce que vous voulez! Pour bien vous y prendre, ne déterminez pas ce que l'autre doit faire ou non. Faites par contre clairement savoir où sont vos propres limites que l'autre doit respecter.

L'autre a le choix de respecter ou non cette limite. S'il le fait, vous pouvez poursuivre votre route ensemble. Dans le cas contraire, il se crée une fracture. Mais il vaut mieux se séparer que de vivre dans le flou.

Entraînez-vous. Cela fait partie du cycle de votre Ego, que vous parcourez au cours de chaque vie. Vous développez votre Ego au cours de la puberté, pour le mettre en pratique en tant que jeune adulte.

A un moment donné, souvent entre 36 et 45 ans, vous constatez que les actes dictés par votre Ego ne vous correspondent pas. Votre Âme se réveille intérieurement et souhaite reprendre le dessus sur l'Ego.

Vous ne suivez dès lors plus votre Ego que pour fixer vos limites. A vous la liberté de répondre à cette invitation.

Beaucoup ne relèveront pas le défi, ils restent inconscients, choisissent de vivre leur vie sans comprendre. Ils en ont le droit, c'est une possibilité, mais chacun doit à un moment donné de son parcours apprendre à gérer son Ego.

C'est à nouveau une manière de grandir, de gagner en sagesse, de découvrir votre authenticité, de vivre en phase avec votre Âme. Comme je l'ai déjà dit, vous ne serez vraiment sage qu'une fois que vous mettrez votre savoir en pratique.

Le tout est de savoir avec quelles intentions vous agissez. C'est d'ailleurs le sujet du chapitre suivant.

Les intentions

Que sont les intentions ? Elles sont en quelque sorte votre force motrice intérieure, votre motivation, la raison qui motive vos actions.

Tous vos actes sont conduits par une intention. Voyez en vous comment cela fonctionne: prenez une situation vécue ces derniers jours et cherchez pourquoi vous avez alors agi de cette manière. Quel était votre motif, pourquoi avez-vous fait ce que vous avez fait ?

Vous n'êtes souvent pas conscient de ce processus. Vous agissez par automatisme. Mais ceux qui vivent en toute conscience réfléchissent également à ces intentions. N'oubliez pas que ce processus est une part essentielle de la Voie de votre Âme. Peut-être même la plus importante de toutes.

Je tiens à vous en expliquer la raison. J'ai jusqu'ici évité les grandes approches historiques, mais je suis à présent obligé d'en parler. Faisons un bon en arrière dans le temps et revenons à il y a 2000 ans environ. Tout a alors très mal tourné.

J'aimerais aborder ici l'histoire de Jésus. Je sais que cela peut être un sujet délicat pour certains, mais l'exemple est parlant.

Il y a 2000 ans, Jésus a tenté d'expliquer ce que relate aujourd'hui le présent ouvrage. Il a, à sa manière, transmis le «Message».

A l'époque, alors que le monde était essentiellement peuplé de Premières Sphères, la situation n'était pas évidente. Mais chaque tentative a ses mérites.

Et pourtant, cela a mal tourné. Certains disciples ont abusé des histoires qu'il racontait pour éveiller la conscience des gens. Ils les ont mises en pratique avec de mauvaises intentions.

Jésus a offert ses histoires librement, sans contrainte, afin que tout un chacun puisse ou non se mettre au travail, de son plein gré. C'était de l'amour pur.

Deux événements se sont produits, essentiellement. Un groupe de gens n'a pas du tout apprécié son approche. Ils la jugeaient menaçante. Comme vous le voyez, une démarche d'amour peut être perçue de manière totalement différente par d'autres. En soi, c'est un constat fascinant.

Mais ce n'est pas le plus grave, à l'époque, même si cela a mené à la crucifixion. Pire que cela encore, son histoire a été utilisée à mauvais escient au sein de ses propres rangs.

Certains ont fait de son message un outil de pouvoir. D'une part pour servir leurs intérêts personnels, pour nourrir leur Ego, d'autre part en vertu de la devise selon laquelle la fin justifie les moyens. Notamment en imposant la contrainte. Voilà une démarche tout sauf sainte. La contrainte est en effet un dérivé de votre envie!

Si la contrainte règne, rien n'a été appris des événements d'il y a 2000 ans!

Dès qu'il s'agit de «devoir», tout part à la dérive. Les gens devaient se convertir: c'était la seule bonne religion, ils étaient contraints de propager le message et de faire du prosélytisme, de rallier des Âmes à leur cause.

Ainsi sont nés deux camps: un camp de l'amour et un camp du pouvoir. Chaque groupe estimait avoir raison.

Les effets du camp du pouvoir se font encore sentir aujourd'hui. Je ne tiens à juger personne ici, ni pour le passé ni pour le présent. Je vous invite par contre à former votre propre opinion, la base de vos propres choix.

Regardez le pétrin dans lequel se retrouve l'Eglise avec l'appareil de pouvoir qu'elle a mis en place, ses dogmes, ce côté compulsif.

C'est par définition un exercice de pouvoir. Le pouvoir est une mauvaise intention. Il est le contraire de l'amour.

Nous vivons aujourd'hui à une toute autre époque. Or vous

vous retrouvez face à un choix identique à celui d'il y a 2000 ans. L'histoire que je vous présente ici est la même.

J'ai une grande question à vous poser, une seule: tirez-vous les enseignements du passé ou est-ce que ça deviendra un jeu de pouvoir encore une fois? Si vos envies sont aux commandes, cela n'entraînera que souffrance, à nouveau.

J'ajouterais deux questions: Que pensez-vous de cette histoire? Quel camp choisissez-vous?

Le compromis n'existe pas. Vous n'êtes pas un peu en faveur de l'amour et un peu en faveur du pouvoir. C'est l'un ou c'est l'autre. Ce qui ne vous empêche pas de pouvoir commettre des erreurs.

Comme je l'ai déjà dit: ni prêtres, ni évêques, ni cardinaux, ni pape, pas non plus d'églises, de cathédrales, de basiliques. Rien qu'une histoire, un message, auquel vous pouvez vous ouvrir en toute liberté. Si vous ne le faites pas, c'est bien aussi. Vous avez la liberté de choisir.

Je ne peux que m'efforcer de vous relater cette histoire le mieux possible pour vous montrer qu'elle est bien pour vous. C'est la seule bonne raison de s'ouvrir à ce message. Faites-le pour vous ou ne le faites pas.

Quand le moment sera venu, vous commencerez à travailler de manière consciente à la Voie de votre Âme et vous commencerez alors à progresser à grands pas. Mais uniquement quand vous serez prêt.

Aussi je tiens à vous transmettre le message suivant, un message compliqué mais essentiel. Prenez le temps de bien y réfléchir:

Si une cause a une conséquence négative,
c'est que vous n'avez pas assumé
la responsabilité de vos propres actes.

Cette phrase mérite une explication, mais prenez le temps de laisser décanter un peu. La clé réside dans vos intentions. J'y reviendrai, mais j'aimerais à présent approfondir l'histoire de l'amour et du pouvoir.

Vos intentions motivent vos actes. Qu'est-ce qui motive vos actes? A la base, seules deux intentions ont une conséquence: la première est le pouvoir, la deuxième l'amour. Vous en assumez la responsabilité (ou pas): vous choisissez l'amour ou le pouvoir.

Analysez vos propres intentions et trouvez la réponse: quand agissez-vous par amour; quand agissez-vous par pouvoir?

Mais qu'est-ce que le pouvoir? La réponse est simple: c'est l'exercice d'une influence. Vous n'acceptez pas les choses comme elles sont et souhaitez changer quelque chose chez quelqu'un. Vous allez alors tenter d'influencer l'autre et exercez un pouvoir. Vous ne laissez pas l'autre libre, mais attendez désormais de lui qu'il modifie son comportement.

Subir une influence est également une forme de pouvoir. Vous laissez l'autre exercer un pouvoir sur vous, vous vous adaptez à l'autre, à la norme, aux attentes. Cela va aussi à l'encontre du désir de l'Âme.

Qu'est-ce que l'amour? Aimer, c'est la Compréhension Spirituelle. Comme je l'ai déjà dit; l'amour génère un sentiment de bien-être. Vous en éprouvez de l'amour pour vous. Il vous rapproche de votre Âme, de votre authenticité. C'est ce que vous recherchez dans votre for intérieur.

S'aimer soi-même est donc une mission de l'Âme, l'essence même de la vie. Comment savoir si vous vous aimez? Placez-vous un instant devant le miroir, de préférence nu. Demandez-vous: est-ce que je m'aime, au sens propre comme figuré? J'espère que la réponse sera positive. Mais peut-être constaterez-vous qu'il y a du pain sur la planche. Cela vous aura au moins fait prendre conscience de cela.

L'amour pour l'autre consiste à lui offrir ses Compréhensions Spirituelles qu'à sa demande. Mais la proposition reste une offre non contraignante, libre, au travers de laquelle vous offrez à l'autre la liberté d'en faire ou non quelque chose. Vous tirez donc votre satisfaction non pas du résultat de ce partage avec l'autre, mais de la mise à disposition de votre sagesse.

Ce choix entre amour ou pouvoir a de vastes conséquences. Le despotisme se paie cher. Vous faites face à une série de conséquences fâcheuses, de cadeaux désagréables et vous alourdissez peut-être aussi le fardeau de votre Âme. Vous exercez souvent une forme de pouvoir, par frustration, et vous ne la ressentez pas pleinement et ne l'exprimez pas. Ainsi s'alourdit encore votre fardeau.

L'amour a par contre un effet positif, il offre des conséquences agréables, il n'alourdit en rien le fardeau de votre Âme. Si vous êtes amour, il n'y a pas non plus de sentiments désagréables à exprimer.

Ces cadeaux sont une intervention du Monde des Esprits et la conséquence de vos actes. Ils sont agréables en cas d'amour, désagréables en cas de pouvoir. Vous êtes ici encore la cause et la conséquence. Vous choisissez quels cadeaux recevoir!

Que devez-vous dès lors vous conclure de ces cadeaux? Si vous agissez dans le respect de votre Âme, vous recevrez ce que vous désirez. Si vous désirez une relation harmonieuse ou un nouvel emploi, vous le recevrez.

Les cadeaux désagréables sont ce qui vous dérange. Vous avez tendance à vous sentir victime dans ces cas-là et à rejeter la faute en dehors de vous. Or si une chose vous pose problème, vous en êtes la cause. Voilà qui jette une toute autre lumière sur la vie.

Que faire si une personne exerce un pouvoir sur vous? Vous avez la chance de pouvoir apprendre à y faire face et à fixer vos limites. C'est une fois encore une partie de la Voie de votre Âme, apprendre à vous défendre, conformément à votre Âme.

Vous évitez ainsi d'alourdir votre fardeau. Cela n'a aucun effet positif et ne vous apporte aucun cadeau, vous évitez par contre des conséquences fâcheuses.

Peut-être les expressions suivantes vous inspireront-elles:

L'amour finit et le pouvoir commence lorsqu'on cesse de chercher de la Compréhension Spirituelle!

Ne pas chercher de la Compréhension Spirituelle, c'est s'opposer à sa propre responsabilité.

Si l'autre ne cherche pas de la Compréhension Spirituelle, il peut vivre l'amour comme une forme de pouvoir. Mais c'est une erreur.

Fixer une limite, c'est de l'amour pur, à moins que l'intention soit le pouvoir.

Je pourrais m'attarder sur chacune de ces phrases et les expliquer en détail. Mais cherchez-en seul la signification. Le moment venu, vous comprendrez.

Je tiens néanmoins à insister sur un point, à savoir la différence entre défendre votre opinion et exercer un pouvoir. La différence est subtile mais essentielle. Vous pourriez en effet décider de ne jamais exprimer votre avis, par peur d'exercer un pouvoir, mais ce n'est pas la bonne manière d'agir non plus.

Prenons l'exemple suivant: votre partenaire change de travail, et vous constatez rapidement qu'il doit y faire des choses douteuses. Comment réagissez-vous? Vous en parlez ou vous passez cela sous silence?

Vous pourriez penser qu'en parler serait une forme d'exercice de pouvoir, alors vous optez pour le silence. Pourtant, c'est une mauvaise approche. En effet, il est peu charitable de voir l'autre commettre un faux pas et de ne pas lui en parler.

Il est indispensable d'exprimer votre avis, de faire savoir ce qui selon vous peut se faire ou non. Votre intention n'est pas de l'influencer, vous offrez sans contrainte vos Compréhensions Spirituelles. Vous vous contentez de présenter votre propre avis. Il lui revient d'en faire ou non quelque chose.

Il est bon de lui signaler les conséquences s'il choisit de faire des choses que vous estimez inacceptables. Vous remettez ainsi la relation en question. Car celui qui accepte de s'adonner à des pratiques malhonnêtes ne le fait pas qu'au travail.

Une coïncidence vous renvoie ainsi à l'essence même de la relation. Un dialogue ouvert offre à la fois un éclaircissement et une conclusion. Acceptez dès lors les conséquences de votre opinion. Refusez tout compromis, même si les conséquences en seront douloureuses.

Cette façon d'être peut vous paraître radicale. Mais sachez qu'aux grands maux, les grands remèdes! Un bon conflit est souvent nécessaire pour mettre à l'épreuve la stabilité de la relation.

Vous êtes ainsi sûrs l'un de l'autre et savez que vous choisissez l'autre tel qu'il est. De par cette attitude, la vérité peut se manifester.

Savoir si vous agissez par amour ou par goût du pouvoir, voilà le cœur de la Voie de votre Âme. Cherchez dès lors à déterminer si vous agissez par amour ou pour le pouvoir, et ce dans tous les domaines de la vie. Prenez des cas concrets, tirés de la réalité. N'adoptez pas une approche générale, ce serait une forme de fuite.

Il s'agit du principal message de ce livre. Que choisissez-vous? Un nouveau monde s'ouvrira à vous quand vous déciderez de vous pencher sur la question. Vous découvrirez ainsi la Voie de votre Âme. Sachez que vous récoltez ce que vous semez et recevez ce que vous méritez.

Si une cause a des conséquences agréables,
cela signifie que vous avez pris la responsabilité
de vos actes et êtes amour.

Pour clore le chapitre des intentions, j'aimerais revenir sur les pulsions. Les identifiez-vous en vous? Par exemple, la possessivité, la pulsion de convaincre, la pulsion sexuelle, le désir de faire ses preuves, ...

J'aurai encore un message à ce propos:

*Si la pulsion est orienté vers les autres,
c'est une forme de pouvoir pure et simple.*
La pulsion guide les actes, vous forcez les choses pour satisfaire votre envie, et cela ne va pas.

La pulsion cache toujours une intention dissimulée. Vous ne dites pas de quoi il ressort réellement, vous adoptez un comportement manipulateur. Cette intention dissimulée est un comportement purement inconscient.

Si vous signalez clairement votre intention à l'autre, exercez-vous alors encore un pouvoir? La réponse est oui. Vos intentions sont énoncées, vous annoncez vouloir exercer un pouvoir, mais cela reste un pouvoir. Avoir conscience que vous exercez un pouvoir ne le justifie pas. Inutile de vous faire un dessin.

Voilà une histoire embarrassante, n'est-ce pas? Tout le monde nourrit les pulsions. Dois-je me défaire de tous, vous demandez-vous peut-être? Vous ne devez rien faire du tout. C'est à vous de décider de le faire ou non. Je vous explique juste comment cela fonctionne, et ma responsabilité s'arrête là. Le reste, c'est pour vous.

Vous défaire de vos pulsions est une partie de la Voie de l'Âme. C'est une question de prise de conscience. La pulsion est le résultat d'un manque en vous. Sachez que l'Âme ne ressent aucun manque! Le manque est donc dû à autre chose: votre fardeau, votre Karma, vos craintes, votre raison.

Mais comment gérer ces pulsions? Le moment venu, lorsque vous serez prêt à faire face à vos désirs, la première étape consistera à prendre conscience de ces pulsions, à les ressentir, à les vivre.

L'étape suivante consiste à ne pas laisser ces pulsions guider vos actes. Vous ressentez la pulsion et ne faites rien. Vous attendez qu'elle parte d'elle-même.

Mais ai-je alors comblé le manque en moi? Non, vous devrez encore y travailler. Par contre, vous avez déjà évité d'exercer un pouvoir.

Combler ce manque est une étape ultérieure, et la manière de procéder est en fait la mise en pratique du contenu de cet ouvrage. Il est impossible de prédire ce qui vous attend aujourd'hui. Vous pouvez néanmoins compter sur les coïncidences pour vous mettre face à l'élément qui importe pour vous aujourd'hui.

Sachez du moins que votre pulsion prend sa source en vous. C'est une forme de comportement compensatoire, une manière de régler un compte, l'expression de frustrations.

Lorsque vous ressentez une pulsion, demandez-vous toujours où elle a pris forme. Une fois identifiée la source, si vous reprenez le dessus, vos désirs referont moins surface. Cela nous amène au point suivant.

Qu'en est-il du sexe? Tout le monde ressent le désir sexuel! Effectivement. Le sexe, c'est aussi agréable, il permet de jouir l'un de l'autre quand il se vit en toute liberté. D'un autre côté, le sexe est et reste du sexe.

Vous décidez un jour de transformer le désir sexuel en intimité et d'y accorder plus d'importance. Le sexe peut faire partie de l'intimité, mais il devient accessoire.

Vous vous dites peut-être que vous avez un problème, dans ce cas. La réponse est à la fois affirmative et négative. Au cours de l'évolution de votre Âme, ce sujet fait surface au Niveau 3.7, comme je l'ai déjà expliqué. Votre Âme souhaite donc aborder ce point.

Vous pouvez aussi vous y mettre plus tôt. Je peux déjà vous dire que la délivrance sexuelle, l'expérience l'un de l'autre en toute liberté, sans devoir réaliser de performances, sans obligations, sans contraintes, c'est exactement cela, faire l'amour.

Vous vivrez cela une fois trouvé le bon partenaire. C'est une découverte de vous et de l'autre et la source d'un sentiment d'unité unique. C'est une possibilité, mais n'oubliez pas que rien n'est obligatoire. Vous assumez ou non votre responsabilité.

Le Corps et l'Âme

Agir à l'encontre de votre Âme a également un impact sur votre corps. Les désagréments physiques dont vous souffrez sont donc souvent une indication de laquelle vous pouvez tirer des Compréhensions Spirituelles. J'en ai déjà parlé précédemment.

Mais j'aimerais avant tout aborder la question de l'équilibre physique, ou plutôt, du déséquilibre. Les actes contraires à votre Âme créent dans le corps des blocages. Vous vous retrouvez coincé sur le plan énergétique et physique.

Le corps est un peu la mémoire de l'Âme, votre vécu s'inscrit dans votre corps, les organes et à d'autres endroits encore. Et ceux-ci vous jouent des tours. Les symptômes physiques sont d'une part une indication de ce que vous pouvez encore apprendre, mais il y a une série de blocages que bien souvent vous ne ressentez pas.

Ces blocages créent une perturbation interne. Vous constatez que quelque chose ne va pas, mais vous n'êtes pas en mesure de mettre le doigt dessus. Tout cela influence fortement votre intuition, elle en devient moins pure, en quelque sorte. Vous êtes également plus souvent coincé dans vos pensées.

Ce malaise intérieur se traduit aussi par un malaise extérieur. Il crée en vous un déséquilibre. Vos sentiments ne sont plus en harmonie avec vos pensées. Vous vous sentez traqué, impatient, voire grognon. Autant d'arguments pour vous inciter à y réfléchir. Votre corps endure parfois énormément de choses.

Les blocages se situent en partie sur les chakras, les 7 points énergétiques de votre corps, mais ils peuvent aussi se nicher au niveau des organes, des articulations, des ligaments et des muscles.

Vous avez sûrement déjà ressenti un plaisir intense rien à qu'à vous masser vigoureusement la tête ou à vous frotter les yeux. Voilà de petits exemples de blocages dans votre corps.

Vous avez vous-même engendré ces blocages en vous protégeant pour ne pas ressentir la douleur, par exemple. Ces blocages sont toujours la conséquence d'un comportement erroné répété vis-à-vis de votre Âme.

Ces blocages à leur tour stimulent un comportement erroné. En réalité, ils vous sont aussi utiles puisqu'en commettant une erreur, vous pouvez en tirer la juste Compréhension Spirituelle. Il s'agit d'un apprentissage à la dure.

Il existe des techniques pour vous aider à surmonter ces blocages, mais je n'aborderai pas ce point-là ici. Si vous en avez besoin, les coïncidences qui se présentent à vous vous fourniront sûrement toutes les indications nécessaires.

Il y a toutefois une chose que vous pouvez déjà faire: parlez à votre corps! Passez pour ce faire par la méditation. Un peu d'entraînement vous en apprendra déjà bien plus que vous ne l'imaginez. Soyez compréhensif envers votre corps. Il souffre de votre comportement. Mais encouragez-le également. Voyez votre corps comme votre enfant, chérissez-le.

Vous prendrez ainsi peut-être conscience de vos blocages énergétiques et physiques et le processus de guérison pourra alors commencer. Le temps guérit ensuite les blessures. La guérison passe par la verbalisation des sentiments et la mise en pratique des Compréhensions Spirituelles apprises. Vous n'avez en effet alors plus besoin de ce blocage pour vous protéger et vous n'agissez plus à l'encontre de votre Âme.

Les malaises physiques et la maladie sont un autre aspect de votre corps et de votre Âme. Ils vous signalent que vous commettez une erreur vis-à-vis de votre Âme. Le malaise physique est une première étape et, si vous n'y prêtez pas attention, il évolue et laisse place à la maladie.

Le sens métaphorique des douleurs et schémas pathologiques est une aide précieuse pour comprendre ce qui vous arrive. La médecine traditionnelle a bien sûr son importance. Mais consultez uniquement un médecin avec lequel vous vous sentez bien. Vous aurez ainsi confiance en son diagnostic.

Il peut sembler contradictoire qu'un manuel de spiritualité se fasse le défenseur de la médecine traditionnelle. Les gens spirituels estiment bien trop souvent que la médecine alternative est un must. Je n'ai qu'un mot à ce propos: aïe! Vous restez bien évidemment libre de vos propres choix. Vous faites ce qui vous convient. Mais restez réalistes, les pieds sur terre. N'oubliez pas que si vous ne verbalisez pas vos sentiments, si vous n'en tirez pas de Compréhension Spirituelle et sans mise en pratique, toute intervention médicale est inutile. Personnellement, j'opterais pour la médecine traditionnelle.

Vous vivez certaines choses jusqu'à ce que vous ayez compris, à un niveau conscient ou inconscient. Pour certains, une maladie grave est souvent un tournant, un moyen de leur faire comprendre que certaines choses fondamentales doivent changer.

La maladie est donc un bel exemple de la contribution positive de la science à votre spiritualité. L'un ne peut aller sans l'autre, à moins de croire aveuglément aux miracles. Ils existent, certes, mais gardez les pieds sur terre.

J'aimerais à présent approfondir la question suivante: que se passe-t-il si vous refusez?

Le refus

Qu'est-ce que le refus ? Disons tout simplement qu'il s'agit de ne pas vouloir écouter votre voix intérieure, de persister envers et contre tout à n'en faire qu'à votre tête. Mais que signifie «n'en faire qu'à sa tête»? C'est en quelque sorte tout ce qui vous détourne de votre authenticité. Vous savez déjà de quoi il ressort ici.

Mais il existe encore une série d'autres facteurs qui peuvent vous jouer des tours. Leur impact n'est pas à sous-estimer et c'est une part importante de la découverte de la Voie de l'Âme. Quels éléments sont importants ici?

- La non-acceptation de la réalité: beaucoup ont tendance à enfouir la tête dans le sable, à masquer la vérité, à se présenter sous un meilleur jour que la réalité. Vous n'acceptez pas ce qui est, vous refusez délibérément de voir la réalité en face. Garder les pieds sur terre reste la devise.

  Si vous ne gardez pas les pieds sur terre, les conséquences sont très claires. Comment ressentir ce qui se joue si vous n'êtes pas dans la réalité? Comment pouvez-vous imaginer trouver la bonne conclusion si vous errez dans un monde imaginaire? Si vous n'acceptez pas la réalité, vous ne vivez pas dans la matière non plus et vous ne pouvez pas trouver la sagesse au travers d'expériences concrètes.

- La non-acceptation des conséquences: les craintes vous jouent ici à nouveau des tours. Vous tirez peut-être les bonnes Compréhensions Spirituelles, mais n'osez pas les mettre en pratique par peur des conséquences éventuelles de vos actes. En réalité, vous n'êtes jamais en mesure de prévoir les conséquences de vos actes, mais votre tendance au catastrophisme peut vous inciter à imaginer des dizaines de scénarios possibles.

  Ceci dit, il est vrai que vos actes ont des conséquences. Votre Compréhension Spirituelle que vous en tirez va peut-être à l'encontre des normes sociales et certaines personnes sortent peut-être de votre vie, par conséquent. Ceux qui sortent de votre vie sont en fait aussi ceux qui vous ne correspondent pas. Mais vous ne le comprenez qu'une fois que c'est fini. Au début, l'idée vous paralyse. Sachez que si vous n'agissez pas, vos Compréhensions Spirituelles sont inutiles.

- La résistance: la résistance est l'arme de guerre ultime. Beaucoup y ont recours pour servir un double agenda, obtenir ce qu'ils veulent. Voici une anecdote un peu absurde pour illustrer cette idée.

Il était une fois un petit garçon de huit ans, qui avait imaginé une forme d'opposition très particulière. S'il n'obtenait pas ce qu'il voulait, comme un bonbon, un jouet, son repas préféré, il menaçait son entourage en disant: «Attention, si je ne le reçois pas, j'arrête de respirer!»

Un peu risible, vous me direz, mais pour ce petit garçon, c'est on ne peut plus sérieux. C'était sa manière à lui de résister, de faire du chantage, d'imposer quelque chose, et il se basait sur la découverte que sa mort serait la pire chose qui puisse arriver à ses proches. Dans cet exemple, la résistance est explicite, transparente. Mais sachez qu'elle s'exerce bien souvent de manière dissimulée.

Vous voulez un exemple? Le silence est une forme très grave de résistance dissimulée. C'est en fait une manipulation psychologique, par laquelle beaucoup pensent pouvoir atteindre leur objectif. Le silence sert souvent à punir l'entourage et ainsi quand même obtenir ce qui compte à ce point.

Résister signifie par définition ne pas accepter ce qui est. Vous êtes mécontents de la réalité, vous ne l'acceptez pas et, impuissant, vous développez un comportement en porte à faux avec votre Âme.

C'est en fait toujours le même message qui s'applique:
Ce qui est, est bien, sinon c'est différent!

En d'autres termes, la réalité est toujours bien pour vous, elle est ce que vous devez vivre. Par bien, j'entends utile, nécessaire, même si elle est désagréable.

- La victime: vous «jouez» souvent à la victime, avec la même intention que celles mentionnée plus haut. Vous essayez d'éveiller la pitié, de demander de l'attention. Vous fuyez ainsi votre responsabilité et rejetez la faute de ce qui vous arrive en dehors de vous. C'est facile, mais vous êtes cependant toujours la cause et la conséquence.

    Prenez conscience de votre attitude. Si vous constatez que vous jouez le rôle de la victime, vivez ce rôle, pour ensuite choisir d'en sortir. Il suffit de le décider.

- Le comportement lié à l'Ego: je vous ai déjà parlé de l'Ego. Si vous agissez consciemment en fonction des normes, des valeurs et des attentes des autres et choisissez envers et contre tout de ne pas suivre les choix de votre Âme, il s'agit là aussi d'un refus pertinent.

J'espère que vous voyez le fil rouge au travers de ces cinq exemples qui entraînent un refus. Dans chacun de ces cas, vous savez pertinemment que vous vous trompez, mais vous le faites malgré tout. C'est un grave péché et il n'est pas sans conséquences.

Le thème central ici est la prise de conscience. Cela n'excuse rien, mais vous enfuyez ce que vous savez depuis longtemps. Vous vous dites peut-être ensuite que vous ne saviez pas mais, si vous êtes honnête, vous savez qu'il n'en est rien.

Comment savoir si vous enfuyez quelque chose? En tombant et en vous relevant, en vous entrainant, en vous posant sans cesse des questions, en vous plaçant devant le miroir et en posant sur vous un regard critique. Il faut pour cela décider de développer votre conscience.

Quelles sont les conséquences du refus? Tout dépend de sa gravité. Le premier refus léger aura peu de conséquences. Mais plus le sujet est important, et plus le refus est fréquent, plus les conséquences seront lourdes.

Elles peuvent passer de simples revers à des symptômes physiques ou une maladie, comme je l'ai déjà expliqué. Une maladie grave ou un accident sont un stade encore ultérieur et on peut même en arriver à une mort violente.

Tout cela peut vous effrayer, mais c'est la réalité. On récolte ce que l'on sème. En fin de compte, c'est vous qui êtes à la source de tout. Vous subissez les conséquences de vos propres actes. Vous assumez votre propre responsabilité ou vous choisissez de ne pas le faire.

Cela peut vous paraître très sévère, mais ainsi fonctionne l'Ensemble Supérieur. Croître en sagesse est d'ailleurs votre vœu intérieur, celui de prendre conscience de vos actes. Ce n'est donc pas imposé de l'extérieur, c'est le vœu de votre Âme!

Qu'en est-il des enfants atteints d'une maladie grave? La cause est à chercher dans la vie antérieure, une décision refusée, ou la non-acceptation des conséquences.

Sachez d'ailleurs que l'Ensemble Supérieur repose sur la loi de l'action-réaction. Nous avons tous tué dans une autre vie, mais nous avons aussi tous été tués. Action-réaction, vous saisissez?

Il y a toutefois une bonne nouvelle. Vous pouvez changer votre destin et ce, en tirant des Compréhensions Spirituelles, en apprenant de votre expérience, en croissant en sagesse et finalement en l'appliquant.

Imaginons que vous avez un jour tué quelqu'un et que vous avez tout de suite compris avoir commis une grave erreur. Vous avez acquis la Compréhension Spirituelle et la réaction, qui consiste à vous faire tuer à votre tour, n'est donc plus nécessaire.

Vous prenez ainsi votre sort en main en acquérant des Compréhensions Spirituelles par vos expériences. Vous décidez de votre avenir. C'est beau, non?

Je ne peux qu'insister sur ce point: le hasard n'existe pas. Vous êtes la cause et la conséquence de tout, mais aussi de tout ce qui vous arrive.

A nouveau, c'est un choc. C'est pourtant la réalité. Vous pouvez apprendre de toutes les coïncidences, si vous le désirez, si vous êtes conscient, si vous souhaitez découvrir la Voie de votre Âme et en éprouver les avantages.

Je tiens à vous donner un manuel complémentaire à ce sujet. Comment faites-vous face aux problèmes? Comment prenez-vous votre destin en main et façonnez-vous votre avenir? Il existe pour cela des degrés de transformation, que je vous expliquerai dans le chapitre suivant.

LES DEGRES DE TRANSFORMATION

Dans les chapitres précédents, j'ai expliqué en détail ce qui vous détourne de la Voie de votre Âme. J'aimerais à présent ajouter une nouvelle facette, à savoir la résolution des problèmes grâce aux degrés de transformation. Ceux-ci vous permettent de prendre votre destin en main et de façonner votre avenir.

De cette manière, vous étouffez dans l'œuf tout fatalisme. Vous êtes votre propre destin! A vous de le prendre en main.

Comment cela fonctionne-t-il? Il faut partir d'un problème concret pour trouver son équilibre intérieur. Votre Code ADN révèle votre comportement dans le monde matériel. Les degrés de transformation vous aident à analyser votre facette intérieure.

Le but ultime est de trouver un équilibre entre l'extérieur et l'intérieur. L'intérêt de ces degrés de transformation n'est donc pas à sous-estimer. Ils sont en quelque sorte un regard spirituel sur la réalité.

Ils vous apprennent à avoir une meilleure approche spirituelle de la réalité et à mieux pouvoir l'expliquer sous cet angle. Vous découvrez ainsi une nouvelle partie de la Voie de l'Âme. Les degrés de transformation sont donc un mode de vie, et non une théorie. Ils sont un outil pour la mise en pratique et la gestion de votre spiritualité dans la matière.

Quel est mon plus grand problème, qu'est-ce qui me taraude? Tout commence par-là, par la réalité. Saviez-vous que, chez vous, tout tourne autour d'un seul problème central? La première étape consiste à l'identifier, à définir ce qui vous préoccupe essentiellement.

En soi, c'est déjà une question complexe. Mais ne vous compliquez tout de même pas trop la vie, les degrés de transformation tiennent compte de votre humanité. En effet, si vous ne commencez pas par votre plus grand problème, vous finirez bien par le découvrir au fil des différentes étapes.

La règle de base est alors de retourner à la case départ. Ce système vous permet de revenir à l'essentiel. Dès que vous êtes coincé, vous devez parcourir à nouveau les 7 étapes.

Les 7 degrés de transformation se divisent en deux parties: l'analyse du problème et sa résolution.

L'analyse de votre problème:

- 1er degré - ETRE conscient de soi: vous êtes la cause et la conséquence;
- 2e degré - Examen de conscience: La Compréhension Spirituelle soulage;
- 3e degré - Acceptation: Les coïncidences sont un indicateur;
- 4e degré - Délivrance: Il faut se défaire du fardeau du passé.

Résolution des problèmes:

- 5e degré – Création: La création nécessite de faire confiance au Monde des Esprits;
- 6e degré - Méditation: L'état méditatif favorise le contact avec le Monde des Esprits;
- 7e degré – Le renoncement inconditionnel: Seul le renoncement inconditionnel mène à l'unicité.

Le degré le plus marquant est le cinquième, celui de la création. Vous arrivez alors à une nouvelle partie essentielle de la spiritualité. Vous pouvez prendre votre destin en main et créer ce qui correspond à votre Âme. Faire ce choix consciemment est la clé du changement de votre destin.

Les sentiments purs doivent être sensibilisés.

Vous comprenez? C'est la clé de la création, donnez du sens à vos sentiments. Tout cela s'éclaircira un peu plus tard pour vous.

Vous créez ainsi vous-même la Voie de votre Âme et tracez vous-même votre propre chemin. Le Monde des Esprits vous vient en aide, mais vous êtes celui qui trace votre propre route.

Voilà une grande différence avec la spiritualité orientale, selon laquelle le destin est une fatalité. Rien n'est moins vrai : vous devez prendre votre destin en main.

Pour rappel, dans l'introduction au présent ouvrage, je vous disais que vous êtes une partie de Dieu. Vous êtes donc vous aussi en mesure de créer, tout comme Dieu.

Voici un exemple concret. J'y reviendrai d'ailleurs à plusieurs reprises.

Imaginons que votre souci principal soit votre travail. Vous avez perdu toute motivation, vous êtes exténué, mais vous ignorez ce qui vous arrive. Que faire? Quel est mon problème et, surtout, quelle est la solution?

Les degrés de transformation sont un outil très pratique qui vous apportera toutes les réponses. Ils vous aideront en outre à déterminer ce que vous voulez, dans la lignée de votre Âme.

1er Degré de Transformation: ETRE conscient de soi

Vous êtes vous-même la cause et la conséquence.

Cela commence déjà très fort. Vous êtes donc la cause de votre problème. Vous avez sans doute tendance à rejeter en dehors de vous la responsabilité de ce qui vous arrive. Si vous ne vous sentez pas bien au travail, c'est la faute de votre patron, des collègues, de la charge de travail.

Le premier degré requiert de se placer devant le miroir et part du principe que vous êtes à l'origine de ce qui vous arrive. Avant de passer au degré suivant, vous devez comprendre que vous êtes effectivement la cause de votre situation au travail.

Identifiez donc votre part de responsabilité. Cherchez votre implication, et non celle des autres. Vous choisissez dans ce cas essentiellement de vivre en pleine conscience.

Etre inconscient, c'est refuser son implication, nier les faits, fuir par crainte, observer à distance, être victime de son sort. Etre conscient, c'est justement accepter son implication et s'autoriser à se laisser toucher sentimentalement.

La première étape consiste à analyser son propre comportement, à identifier sa propre implication. Pour ce faire, réfléchissez. Que m'arrive-t-il? Quelle est mon implication? Attention, il ne s'agit pas de culpabilité, mais uniquement d'implication.

Le «sentiment de culpabilité» n'est d'ailleurs pas un sentiment. C'est un schéma de comportement normatif, qui peut par contre largement vous détourner de votre authenticité. Ne cherchez donc pas votre culpabilité, mais bien le lien entre la cause et la conséquence.

Analysons de plus près notre exemple: vous ne vous sentez pas bien dans votre peau au travail. Quelle est votre implication? Tout d'abord, c'est vous qui avez choisi ce travail, n'est-ce pas? Vous vous dites peut-être à présent qu'il n'est pas facile de trouver un autre emploi.

Cela s'appelle fuir votre responsabilité. Admettez-le, c'est vous qui avez signé votre contrat de travail, et personne d'autre!

Cette démotivation est-elle donc liée à ma personne, vous vous demandez? Les conditions de travail sont évidemment déterminantes pour votre motivation, mais à nouveau, c'est vous qui avez choisi.

La motivation est la conséquence d'un comportement dans la lignée de votre Âme. La démotivation est donc le signe que vous faites des choses qui ne correspondent pas aux souhaits de votre Âme. La cause n'est donc pas en dehors de vous, mais en vous.

Une règle importante veut que le hasard n'existe pas. Vous êtes l'instigateur de tout ce qui vous arrive. Tous vos problèmes sont des opportunités de croissance, des occasions de gagner en sagesse.

Vous constatez ainsi votre part de responsabilité dans votre problème. Vous n'en percevez peut-être pas toutes les facettes, mais ce n'est pas encore important au 1er degré.

Il importe par contre d'identifier votre implication et de constater que vous êtes bel et bien la cause et la conséquence.

Si vous n'aboutissez pas à cette conclusion, vous avez encore du pain sur la planche. Si le premier degré n'est pas acquis, cela n'a aucun sens de passer au degré suivant.

Le 2e Degré de Transformation: Examen de conscience

La Compréhension Spirituelle soulage.

Une fois identifiée et admise votre implication dans le problème, il faut déterminer pourquoi cela vous arrive et quel enseignement en tirer.

Comprendre votre sort, déterminer le sens des événements, voilà une première tentative pour prendre en main votre sort et découvrir la Voie de votre Âme.

Vous cherchez évidemment la Compréhension Spirituelle. Les informations déjà présentées dans cet ouvrage pourraient vous être utiles.

Dans notre exemple, supposons que votre conclusion soit que la démotivation vise à vous faire chercher quel emploi vous voulez vraiment exercer. Cette expérience veut vous faire comprendre que votre travail actuel ne vous convient peut-être pas, ou que vous l'exercez d'une manière qui ne vous correspond pas réellement.

A ce stade, vous ignorez encore de quoi il ressort et comment agir, mais vous constatez un souci et comprenez que votre démotivation vise à vous faire réfléchir à votre travail.

Il s'agit d'informations générales, sans grands détails. Mais à ce stade, cela suffit. L'étape suivante vous fournira des informations plus précises.

L'essentiel du 2e degré consiste à réfléchir au fait que le hasard n'existe pas. Il faut prendre conscience que ce qui vous arrive a un sens et en saisir les grandes lignes.

Le 3e Degré de Transformation: Acceptation

Les coïncidences sont un indicateur.

Dans ce 3e degré, vous vous penchez sur les coïncidences qui vous aident à comprendre différents aspects de votre problème. La prise de conscience de ce qui vous arrive vous fournit donc une foule d'informations sur ce qui vous joue des tours.

Comprendre ces aspects renforce l'acceptation de votre situation et la prise de conscience du fait que tout ne se passe pas comme le souhaite votre Âme.

L'acceptation du problème est possible lorsque vous comprenez la signification de ces coïncidences et les vivez pleinement. Cette démarche vous fait parcourir le Cycle des Types, et il est pour ce faire indispensable de ressentir et verbaliser. Cela vous apporte des éclaircissements.

En comprenant la signification de ces coïncidences, vous identifiez la répercussion de ce qui vous arrive et vous vous rendez compte de ce qui se joue en vous. Toutes les intentions intérieures se reflètent en effet dans le monde extérieur, matériel.

Il peut se révéler utile de comprendre le sens métaphorique de ces coïncidences et de ces symptômes physiques. En effet, le hasard n'existe pas, ce sont tous des indicateurs.

Les coïncidences sont une source d'informations, sur vous, sur la situation, sur la manière d'agir. Elles vous éclairent tant sur les aspects personnels qui vous affectent que sur le processus que vous vivez.

Revenons à présent à notre exemple. Supposons que ces dernières années, vous ayez toujours reçu une évaluation positive au travail. Pour des raisons incompréhensibles, la vapeur s'inverse. Vous avez l'impression que votre patron vous attend au tournant.

Si vous éprouvez des difficultés à comprendre cette

coïncidence, parcourez les deux degrés précédents: quelle est mon implication, en quoi suis-je la cause et la conséquence, et pourquoi cela m'arrive-t-il? Cela pourrait vous aider à comprendre que vous attendez peut-être beaucoup trop une confirmation extérieure et avez trop peu confiance en vous.

Il se peut également que vous formuliez uniquement des critiques à l'égard de votre patron ou de votre lieu de travail et refusiez de vous occuper de vos affaires. Vous pouvez là aussi en tirer de la Compréhension Spirituelle. En effet, on récolte ce que l'on sème.

Il se peut que vous luttiez pour obtenir gain de cause à propos de choses qui ne vous concernent pas. Réfléchissez alors à votre part de responsabilité et voyez quelles sont les limites de votre fonction. Ne vous mêlez pas des affaires des autres.

Quoi qu'il en soit, cette réflexion vous permettra de comprendre que votre problème a une portée plus large et plus profonde que vous ne l'imaginiez au départ. Comprendre tous ces éléments précise pour vous le fond du problème.

Cela a également son importance. En effet, vous souhaitez résoudre votre problème. Or on ne peut résoudre ce que l'on ignore. Aussi cette phase est-elle cruciale. N'allez donc pas trop vite en besogne.

Si vous ne le faites pas correctement, vous le découvrirez dans les degrés suivants. Ce sera alors «Retour à la case départ».

Le 4e Degré de Transformation: Délivrance

Il faut se défaire des fardeaux du passé.

J'ai déjà consacré tout un chapitre au nettoyage des fardeaux du passé. Ces informations vous seront à présent utiles.

De quoi devez-vous vous débarrasser? Des conceptions, des comportements, des habitudes, des émotions et des frustrations qui vous empêchent de vivre votre vie comme vous l'entendez. La liste est longue donc. Il est important d'aborder chacun de ces éléments, un par un. Cela prend du temps et nécessite de bien comprendre les facteurs qui ont déterminé votre passé.

Si vous omettez un élément, l'étape suivante échouera. L'expérience vous le révélera. Pour changer votre destin, la seule possibilité est de vous défaire de tous les anciens modèles qui n'ont pas donné le résultat escompté.

Dans ce 4e degré, vous ferez face à toute une série de coïncidences qui vous permettront de vous défaire de vos fardeaux. Il s'agit ici encore de prendre conscience de ce qui vous arrive. Cela facilite le processus, car tout ce que vous devez régler vous est offert sur un plateau. Il vous suffit de bien vouloir le voir.

Pour vous défaire de vos fardeaux, appliquez la règle de 5 détaillée précédemment:

Ressentir – Verbaliser – Comprendre – Accepter – Agir

Vivez les coïncidences, ressentez, tirez-en les leçons, acceptez, appliquez le tout dans vos actes.

Dans le cas de l'exemple précédent, vous apprendrez peut-être à faire face à la critique et à comprendre comment faire usage d'informations constructives. Vous apprendrez en outre que la critique en dit bien souvent long sur l'autre et non sur vous.

Vous apprendrez peut-être à identifier l'exercice du pouvoir et saurez quand votre combat porte ou non ses fruits. Quand vous imposez-vous sans combat et où fixez-vous les limites que vous ne voulez pas voir dépassées?

Vous identifierez peut-être les principes qui vous régissent et il se peut que votre patron ne les accepte pas. Vous ne changerez pas l'entreprise, et votre patron non plus. Alors soit vous cédez, soit vous démissionnez. Vous acceptez votre cadre de travail, ou pas.

La résolution du passé dénoue pas mal de problèmes. Vous verrez peut-être que votre travail ne vous déplait pas autant que vous l'imaginiez et que votre problème principal n'en est pas un. Un autre élément fera alors probablement surface et vous pourrez repartir de zéro pour résoudre ce nouveau problème.

Une fois nettoyé votre passé, vous pourrez passer à l'étape suivante. Comment savoir si vous êtes prêt? Il est difficile d'en juger par soi-même. Suivez votre ressenti. Ayez confiance, tout se passera bien. Si vous devez encore vous défaire de quoi que ce soit, vous le découvrirez au stade suivant.

Le 5e Degré de Transformation: Création

La création nécessite de faire confiance au Monde des Esprits.

Pour créer, vous devez convertir un sentiment pur en objectif. La méditation et l'appel au Monde des Esprits sont indispensables à cet égard. Rappelez-vous les cadeaux qu'ils vous offrent!

Ayez confiance en votre Âme et laissez l'intuition vous guider, interrogez votre savoir et votre Guide. La méditation est cruciale. Ainsi vous entraînez-vous à créer en union avec le Monde des Esprits.

Qu'est-ce que la méditation? Je l'ai déjà expliqué. La méditation est un processus très personnel, chacun met au point sa propre technique. Vous pouvez y consacrer un endroit particulier, mettre un peu de musique, éventuellement de l'encens. Mais tout cela n'est pas indispensable.

Respirez surtout par le ventre, là où se niche votre Âme. Observez votre corps, prenez conscience de la moindre partie de celui-ci. Concentrez-vous ensuite sur votre respiration. Sentez votre inspiration et expiration. Concentrez-vous sur votre plexus solaire, le point situé sous les côtes, à la hauteur de votre estomac. C'est là que se niche votre Âme.

Essayez de trouver le calme, de ne pas penser au quotidien. Si ces pensées font surface, laissez-les partir. En vous concentrant sur votre respiration et votre for intérieur, vous atteindrez une sorte de phase de repos, une légère trance, et la méditation commencera d'elle-même.

Comme je l'ai déjà expliqué, votre mode de méditation dépend de votre Type. Tenez-en compte et cherchez la méthode qui vous convient le mieux.

Vous pouvez apprendre à entrer en contact avec le Monde des Esprits. Soyez-y ouvert, acceptez la présence de votre Guide ou Maître, décidez d'entrer en contact.

Ce contact passe par le sommet de votre crâne, le 7e chakra. Vous pouvez parfois ressentir ce contact. Vous pouvez tranquillement entamer une conversation avec votre Guide. C'est une sorte de dialogue intérieur. Vous vous demandez peut-être si vous n'inventez pas les réponses, mais n'y pensez pas. Ce qui vient, vient.

Avec de l'entraînement, vous parviendrez à entrer en contact avec le Monde des Esprits par une simple ouverture d'esprit. C'est un exercice de renoncement et de lâcher-prise.

La propre pureté est nécessaire pour pouvoir communiquer les bonnes informations au Monde des Esprits, et vous obtiendrez alors les bons résultats.

Une fois maîtrisée la méditation, vous pouvez commencer à créer. Mais vous devez avant cela savoir ce que vous désirez. Cela demande d'y prêter l'attention nécessaire. Si votre question n'est pas pure, pas en phase avec le souhait de votre Âme, cela ne donnera rien.

Votre demande doit également être concrète. Si vous demandez de l'aide à votre Guide, il vous répondra qu'il vous aide chaque jour. Si vous lui demandez une aide concrète pour comprendre votre problème au travail, votre Guide saura alors au moins pourquoi vous avez besoin de son aide précisément.

La méditation est donc une part importante des degrés de transformation. C'est un acte quotidien. Cela prouve simplement que vous estimez mériter de vous arrêter un instant. Une belle forme d'amour envers vous-même, n'est-ce pas?

Une deuxième approche, outre la méditation, est également essentielle dans ce degré. Cherchez la réponse à la question suivante: qu'est-ce que je souhaite obtenir par la résolution de mon problème?

Décrivez aussi concrètement que possible le résultat escompté. Votre description doit être spécifique, mesurable, faisable, réaliste et temporelle.

Le Cycle des Types est aussi d'une grande utilité. De quelle façon pense-je à ce que je désire? Qu'est-ce que ce souhait me fait sentir? Qu'est-ce que je désire faire? Ce Cycle vous apporte des informations complémentaires et précise votre souhait.

Vous comprenez peut-être à présent la différence entre une attente et un souhait. N'attendez rien, mais déterminez votre souhait. Il est beau de voir un souhait se concrétiser. Une attente a par contre quelque chose d'obsessionnel, quelque chose doit se faire et cela ne fonctionne pas.

Les quatre questions clés suivantes pourront vous aider à vous assurer de la pureté de votre souhait, à vérifier si ce que vous souhaitez réaliser est possible.

Déterminez avant tout ce que vous souhaitez atteindre et posez-vous ensuite les questions suivantes:

- 1re question: Mes intentions sont-elles pures?

　La liste de questions suivantes peut vous être utile à cet égard:

　Est-ce que je cherche à faire mes preuves?

　Est-ce que je cherche à exercer une influence?

　Est-ce que je subis l'influence des autres?

　Mes normes et mes valeurs sont-elles les bonnes (sont-elles les miennes)?

　Suis-je guidé par des craintes?

　Est-ce que je me sens coupable?

　Un lien émotionnel me joue-t-il des tours?

　Pourquoi est-ce que je souhaite cela?

　Y a-t-il une pression pour conclure, une urgence, un empressement?

　Chacune de ces questions peut vous renvoyer à l'un des degrés antérieurs. Vous obtiendrez peut-être ainsi une vue plus large de votre problème, des informations supplémentaires ou alors constaterez-vous que vous devez purifier encore une partie.

- 2e question: Ce que je souhaite réaliser a-t-il du sens et est-il souhaitable, est-ce ce que mon Âme souhaite réellement?

Réfléchissez bien au sens de votre souhait et à son intérêt. Ces questions peuvent paraître simples, mais la réponse est peut-être plus profonde que vous ne le supposez. Prenez donc votre temps.

- 3e question: Ce que je désire correspond-il à mon Code Âge?

Vu que votre Code ADN renvoie aux caractéristiques de votre Âme, il est logique de procéder à cette vérification. Cela peut à nouveau vous fournir de nouvelles informations et vous renvoyer à des degrés antérieurs. Cela vous aidera du moins à clarifier ce que vous souhaitez réellement.

- 4e question : Suis-je prêt?

Il s'agit de la dernière question avant de pouvoir poursuivre. Elle vous fait réfléchir aux conséquences de votre souhait et vous invite à vous assurer de les accepter. Cette question requiert elle aussi toute votre attention, ne la prenez donc pas à la légère.

Ces 4 questions revêtent donc toutes une grande importance. Vous y découvrirez peut-être des failles dans le résultat souhaité et serez renvoyé, comme je l'ai dit, à des degrés de transformation antérieurs.

Il se peut que vous n'ayez pas purifié tous les éléments, que de nouveaux aspects de votre problème fassent surface ou que vous constatiez ne pas avoir commencé par votre problème principal.

Vous ne pouvez commencer le travail et changer votre sort qu'une fois votre souhait clarifié et conforme à votre Âme. Vous pouvez alors déterminer l'avenir et créer ce qui vous correspond, sur la base de votre souhait, un souhait pur.

Ce que vous souhaitez réellement est une affaire extrêmement importante, mais parfois aussi complexe. C'est pourquoi je reviendrai sur ce point à nouveau en fin de chapitre. Mais revenons en attendant aux degrés de transformation.

Au cours du 5e Degré de Transformation, vous affinez donc le résultat souhaité et effectuez sa mise au point. Dès que vous avez le sentiment que votre souhait est pur, vous passerez automatiquement au degré suivant.

Le 6e Degré de Transformation: Méditation

L'état méditatif favorise le contact avec le Monde des Esprits.

Pour atteindre le résultat souhaité, demandez chaque jour de l'aide au travers de la méditation. Tout d'abord, ne modifiez pas votre question, faites preuve de conviction intérieure.

Dans un premier temps, présentez votre souhait sous toutes ses facettes, mais au fil du temps, «vivez» votre question. En un seul instant, vous apprenez à saisir ce que vous souhaitez réaliser, sur le plan du contenu, des sentiments et de la spiritualité.

La façon dont vous demandez de l'aide au Monde des Esprits est également cruciale. Vous n'exigez rien, vous ne donnez aucun ordre. La seule manière correcte de formuler votre souhait est de dire «Ce serait bien si...». Ajoutez ensuite «quand le moment est venu et si Dieu le veut».

Ces phrases constituent la bonne attitude à adopter qui est indispensable pour réaliser votre souhait. A mesure que vous vous entraînez, vous apprendrez à maîtriser ce processus.

Ainsi naît le constat que la mission de votre Âme consiste à créer un équilibre entre le monde intérieur et le monde extérieur, au travers de la méditation et du contact permanent avec vous-même et le Monde des Esprits.

L'état méditatif est un autre terme pour désigner le développement de votre conscience dans la réalité, accepter ce qui est, les pieds sur terre, et savoir ce que vous souhaitez.

Il ne s'agit nullement d'une expérience élevée ou éclairée, mais d'une source de force, de confiance en vous. C'est un comportement spirituel dans la réalité. Vous pouvez ainsi passer au degré suivant.

Le 7e Degré de Transformation: Le renoncement inconditionnel

Seul le renoncement inconditionnel mène à l'unicité.

Le passage au 7e degré se fait lui aussi tout naturellement. Ce n'est pas une décision, mais le résultat des deux étapes précédentes. A un moment donné, vous vous sentez prêt et vous pouvez lâcher prise.

Vous êtes conscient de faire partie intégrante de l'Ensemble Supérieur et y contribuez de manière créative. Vous êtes en permanence conscient de vous-même, vous savez quoi faire, comment et pourquoi, votre motivation et vos intentions sont claires. Votre corps, votre esprit et votre Âme sont en équilibre, vous êtes dans l'instant présent.

Vous ne posez désormais plus de condition, cela n'a en réalité plus d'importance pour vous. Voilà ce qu'est le sentiment de renoncement inconditionnel, de lâcher-prise.

Ensuite, de manière totalement inattendue, vous obtenez ce que vous souhaitez. Cela arrive, tout simplement. Vous en ressentez de la béatitude. Un bref instant, vous vous sentez Dieu, de par votre capacité à créer.

Exemple

Les degrés de transformation sont un outil pratique pour vous permettre de prendre votre destin en main. Vous vous dites peut-être que c'est trop compliqué, fastidieux, lourd, trop complexe.

Sachez que les 7 étapes mentionnées sont une méthode longue et minutieuse de faire face à vos problèmes. Cela peut vous sembler quelque peu théorique. Je tiens dès lors à travailler sur un exemple concret et en préciser ainsi le fonctionnement.

Notre exemple précédent concernait le travail. Prenons cette fois un sujet plus délicat: la relation. Il se peut que ce sujet soit plus sensible et si c'est le cas, tant mieux.

J'aborderai la question comme si vous viviez personnellement ce problème. Il se peut que cela ne corresponde pas entièrement à votre situation, mais cela peut malgré tout vous toucher. Vous saurez ainsi que cela vous concerne également. Mais le but premier est de vous faire comprendre comment mettre ces degrés de transformation en pratique.

Supposons que votre couple connaisse une période difficile. Vous ne voyez d'ailleurs pas d'issue et décidez de rompre. Toutes les autres tentatives ont été vaines, la séparation vous semble être la seule solution.

Une séparation est bien souvent un processus douloureux et, dans votre cas, vous ne parvenez pas à un accord à l'amiable. Vous faites face à un divorce difficile, devant les tribunaux.

Il s'agit pour vous de votre plus grand problème. Un bel exemple pour les degrés de transformation. Parcourons-les progressivement ensemble. En quoi les degrés de transformation peuvent-ils être utiles dans ce processus?

Supposons donc que votre couple soit votre plus grand problème et qu'après mûre réflexion, vous décidiez d'y mettre un terme. Cela ne se fait cependant pas sans accroc.

Vous avez donc de quoi réfléchir.

<u>1er degré: vous êtes la cause et la conséquence.</u> Cela peut sembler évident, dans chaque couple, chacun a sa part de responsabilités. Vous êtes indéniablement concerné. Le résultat de votre relation est ce que vous en avez fait. Vous pouvez évidemment rejeter entièrement la faute sur votre partenaire, mais c'est une erreur. Admettez que vous avez aussi votre part de responsabilités. Ce constat ne dit rien sur la viabilité de votre relation, ni sur le fait que vous avez choisi ou non la bonne personne avec qui partager votre vie. Cela signifie simplement que vous êtes-vous aussi responsable de ce qui arrive à votre couple. Ni plus, ni moins.

Vous êtes donc bel et bien concerné. Cela suffit pour le premier degré. Je le répète, il ne s'agit pas de culpabilité. Il ne s'agit pas ici de reproches. Ne jugez ni l'autre ni vous-même. Voyez juste la réalité en face.

<u>2e degré: pourquoi ceci vous arrive-t-il?</u> Bonne question, n'est-ce pas? Pourquoi ceci vous arrive-t-il? Il n'y a pas de réponse immédiate à cette question, ou peut-être bien que si? Cela vous met en tout cas face à une série de questions fondamentales. Que voulez-vous dans une relation? Quel est pour vous le partenaire idéal? Qu'est-ce qui vous correspond, ou non? Mais aussi: comment se séparer? Comment tirer correctement un trait sur le passé? Comment prendre un nouveau départ?

Quelle leçon pouvez-vous tirer de cette expérience? Réfléchissez un instant à votre relation, depuis son commencement. Où les problèmes sont-ils apparus? Quels signaux avez-vous manqués? Qu'avez-vous refusé de voir, de savoir? Avez-vous été envers et contre tout au-delà de vos limites ou vous êtes-vous montré trop dominant?

La liste des leçons possibles s'allonge rapidement et vous y décelez un fil conducteur. Tout ce qui vous arrive, vous en êtes à l'origine. Puisque le résultat n'est pas ce que vous souhaitiez, une série d'erreurs ont été commises. En soi, rien de grave, ce sont des leçons de vie potentielles. Il s'agit par contre d'y faire face et d'en tirer les bons enseignements.

Si vous n'apprenez pas la leçon, vous vous retrouverez sans cesse face à des situations qui vous le rappelleront, jusqu'à ce que vous compreniez. Si vous entamez une nouvelle relation sans avoir compris tout cela, vous ne ferez que reproduire la relation précédente.

Revenons-en à notre exemple. Vous saviez peut-être dès le départ que la relation était vouée à l'échec, vous hésitiez fort et avez décidé de tenter le coup parce que c'était ce qu'il fallait faire et que c'était mieux pour vous.

Si vous jetez un regard critique sur votre relation, vous identifierez certainement des points qui vous ont éloignés l'un de l'autre. Vous n'avez jamais voulu remettre votre relation en question, vous avez trop peu exprimé ce que vous vouliez, vous avez trop souvent pensé que cela se tasserait et s'arrangerait. Hélas, vous avez manqué toutes les occasions de prendre conscience du problème.

Si vous y réfléchissez, vous constaterez que vous avez à plusieurs reprises échoué à comprendre, que vous n'avez pas réfléchi aux problèmes fondamentaux et que la situation actuelle découle de votre refus de prendre les choses en main.

Ce n'est donc pas pour rien que la séparation devient une lutte. Vous avez longtemps évité la confrontation, et vous vous retrouvez à présent dans un conflit impossible à ignorer et auquel vous êtes forcé de prendre part. Vous finirez donc peut-être quand même par en tirer une leçon.

Les raisons pour lesquelles cela vous arrive commencent rapidement à prendre forme. Vous ne visualisez peut-être pas encore tous les éléments, mais vous percevez déjà une série de possibilités. Le degré suivant vous aidera à approfondir la question.

3e degré : les coïncidences. Elles sont essentielles dans l'acceptation de votre problème. Au cours du processus de séparation, vos yeux s'ouvrent subitement et vous vous rendez compte que votre partenaire n'est pas du tout celui que vous pensiez, il montre son vrai visage. Sous la pression, les vérités font surface. Une expérience très éprouvante. Pourquoi ne l'avez-vous pas vu plus tôt?

Il se peut cependant que vous voyiez aussi votre vrai visage et que vous vous retrouviez enfin face à votre propre comportement, vos choix, ce que vous avez omis de faire.

Les coïncidences qui font surface au cours du processus de séparation viennent peut-être confirmer que vous ne correspondez pas à ce partenaire, ou l'inverse. Vous pourriez par exemple constater que vous fonctionnez selon des normes et des valeurs totalement différentes, que vous ne croyez pas aux mêmes choses, que vous avez des visions de la vie diamétralement opposées.

D'autres coïncidences feront encore surface au cours de la séparation pour vous faire comprendre ce qui vous arrive. En route pour un entretien avec la partie adverse, vous voulez éviter les embouteillages et prenez des routes moins fréquentées. Mais là aussi, avec les camions, les tracteurs, la circulation est dense. Votre patience est mise à rude épreuve. Vous commencez à vous dépêcher, vous ne voulez pas arriver en retard.

Mais pendant ce trajet, demandez-vous ce que tout cela peut signifier. Sachant que le hasard n'existe pas, essayez de découvrir pourquoi cette coïncidence se présente à vous. Si vous y réfléchissez, vous découvrirez peut-être que vous n'atteindrez pas votre but immédiatement, que vous ferez face à des obstacles, que vous devrez parfois emprunter des voies secondaires, et surtout, que vous devrez faire preuve d'une grande patience.

Une fois ce constat posé, vous changez d'attitude, vous adoptez un comportement qui vous correspond mieux. Ce constat vous aide à accepter le processus, vous savez que cela va prendre du temps et que vous devrez donner le temps au temps.

Les coïncidences sont souvent un miroir, un parallèle

avec votre propre situation. Si vous savez les interpréter correctement, un nouveau monde s'ouvrira à vous.

Il se peut que cela demande de l'entrainement, mais quiconque le souhaite, quiconque vit en pleine conscience, peut y parvenir. Vous voulez un autre exemple?

Lors des entretiens destinés à dégager un terrain d'entente, les émotions sont vives. Le moindre détail devient une lutte et rien n'avance.

Cette lutte est une nouvelle coïncidence, mais pourquoi cela arrive-t-il maintenant? Si vous y réfléchissez un instant, vous constaterez à nouveau que vous prenez part à la lutte vous aussi. Pour qu'il y ait lutte, il faut deux parties impliquées.

C'est un peu comme une lutte à la corde: si l'une des deux parties ne prend pas la corde, il n'y a pas de lutte possible.

L'avantage des combats, c'est que dès qu'un des deux décide de renoncer, le combat cesse lui aussi. Vous verrez peut-être alors que vous devez changer votre comportement pour obtenir un résultat.

Mais comment faire pour ne pas lutter? Devez-vous vous laisser massacrer, cesser le combat et attendre les conséquences avec fatalité?

Disons que cela vous permet de réfléchir à votre approche. Car il existe un juste milieu entre la lutte et la fuite. Il s'agit de définir pour vous-même des limites claires. Cela vous pousse à réfléchir à la question: qu'est-ce que je veux? Une fois définie votre propre ligne de conduite, vous pourrez la défendre avec les bons arguments. Cette approche est tout le contraire d'une attaque. Vous voyez la différence?

Définir une limite et la défendre n'est pas une lutte. C'est une façon de vous défendre, de vous assumer. Encore une leçon que vous pouvez apprendre «grâce» à la séparation.

Vous apprenez de la sorte ce qui est important pour vous et ce qui ne l'est pas, sur quels points vous êtes inflexibles et ceux pour lesquels vous êtes disposé à faire preuve de souplesse. Chacune de ces décisions a une justification positive.

La séparation prend alors une toute autre allure. Elle devient en quelque sorte une succession de moments d'apprentissage. Vous remarquez que chacun de ces apprentissages vous rapproche de la solution à votre problème. Permettez-moi de citer encore un exemple.

Au cours de l'un de ces entretiens, vous découvrez que vous vous sentez coupable de l'échec de la relation, car vous avez des enfants et ils ne doivent pas souffrir de votre histoire.

Si vous identifiez ce sentiment de culpabilité, vous pouvez alors régler cette question et constater que chacun a sa part de responsabilités. Vous constaterez également que vous avez agi chaque jour au mieux.

Le résultat est ce qu'il est. Vous ne devez-vous excuser de rien, ni regretter vos actes. Vous ne pouvez qu'apprendre de vos erreurs et vous en servir pour l'avenir.

Mais qu'en est-il des enfants? Ne sont-ils pas victimes de la situation? Qu'en est-il de l'impact de vos actes sur les autres? Si vous suivez les souhaits de votre Âme, les conséquences de ces souhaits pour les autres sont les coïncidences qu'ils doivent vivre à leur tour. Ce sera la base de leurs leçons de vie, dont ils pourront ou non faire quelque chose.

Attention, cela ne vous autorise pas à faire tout ce que bon vous semble. Si vous n'avez pas fait volontairement du mal et pouvez en votre Âme et conscience vous regarder dans le miroir, les conséquences de vos actes sont alors ce qu'elles sont pour l'autre. Si vous agissez en phase avec votre Âme, vous ne pourrez jamais nuire aux autres.

Voilà qui devrait vous aider à vous défaire de ce sentiment de culpabilité. Ce sentiment de culpabilité n'en est d'ailleurs pas un, c'est un schéma de comportement normatif, au travers duquel vous pensez devoir satisfaire aux normes et valeurs du monde extérieur.

C'est une manière de faire parmi d'autres. Apprenez à définir vos propres normes et valeurs et à agir en fonction

Vous constaterez ainsi que de nombreuses coïncidences vous permettent de comprendre de nouvelles choses, expliquent le problème, vous indiquent la voie à suivre pour y faire face et vous laissent entrapercevoir une foule de nouveaux apprentissages.

<u>4e degré : se défaire du passé.</u> Vous savez désormais comment fonctionne l'épuration. Les sentiments que vous n'avez pas pleinement ressentis et exprimés au cours de la relation jouent ici un rôle clé.

En y réfléchissant en toute conscience, vous découvrirez peut-être une grande colère envers votre partenaire. Vous avez sur le moment toujours dissimulé cette colère derrière l'amour. Mais vous prenez à présent conscience de toute cette rancœur, de cette colère et de ces frustrations jamais exprimées.

Vous avez donc du pain sur la planche. Parlez de ce passé à un ami, éprouvez cette colère, énervez-vous, fâchez-vous une bonne fois.

Vous découvrirez que vous avez laissé l'autre dépasser vos limites, que vous n'avez pas dit stop, que vous ne vous êtes pas défendu. Vous comprenez à présent tout l'intérêt d'exprimer ces sentiments. Et ce n'est pas tout.

Vous comprenez soudain que vous vous êtes ce faisant aussi laissé humilier. Encore un élément dont vous défaire. Pour éviter l'humiliation, vous auriez dû connaître vos limites et agir en fonction, indépendamment des conséquences. Encore une nouvelle leçon: connaissez vos limites.

Différents sentiments font ainsi surface, l'un après l'autre: la solitude, l'exclusion, l'inutilité, l'abus, etc. Abordez ces sentiments, les uns après les autres, et efforcez-vous d'en tirer une leçon.

Plus vous êtes en mesure de vous défaire de vos fardeaux, plus la résolution de votre problème sera simple.

5e degré: ce que je veux. Vous voyez petit à petit plus clairement comment vous souhaitez régler la séparation, comment vous souhaitez aborder le volet financier, la question des enfants. Vous définissez pour vous-même ce qui est souhaitable pour chacun de ces points à régler.

Vous vous demandez si chacun de ces souhaits vous correspond, si vos intentions sont pures, si vous agissez conformément à votre Code ADN. Toutes ces questions peaufinent votre objectif. Vous méditez régulièrement à ce propos jusqu'à ce que tout se précise. En y pensant souvent, vous vous appropriez la question. Vous en vivez pleinement chaque facette.

6e degré : demander de l'aide au Monde des Esprits. Au travers de la méditation, vous demandez à votre Guide de vous aider à réaliser votre souhait, quand le moment sera venu et si Dieu le veut. La méditation vous aide à peaufiner vos souhaits, à en préciser les moindres détails.

Entre-temps, les entretiens se poursuivent. Mais vous savez ce que vous voulez et vous constatez une réelle progression, pour la première fois.

Vos intentions sont pures. A un moment donné, vous lâchez prise, comme si vous étiez prêt. Vous passez alors au degré suivant.

7e degré : le renoncement inconditionnel. En lâchant prise, vous vous rendez compte que c'est bien comme c'est. Si une solution se dégage aujourd'hui, c'est bien. Si ce n'est pas le cas, c'est bien aussi. Cela importe peu pour vous, vous êtes prêt.

Arrive ensuite l'inattendu: une proposition finale est soudain sur la table, et vous l'acceptez sans y réfléchir, parce que c'est bien comme c'est.

Vous constatez ensuite que le résultat correspond parfaitement à votre souhait. Vous ressentez une grande gratitude. Vous constatez que vous faite partie de l'Ensemble Supérieur et que vous pouvez compter sur son soutien si vous faites ce qu'il faut correctement.

Un exemple passionnant, n'est-ce pas? J'espère que le fonctionnement des degrés de transformation est clair pour vous, à présent. Essayez, vous verrez que cela fonctionne. Si vous êtes coincé, demandez de l'aide.

Qu'est-ce que je veux

Pour conclure ce chapitre sur les degrés de transformation, j'aimerais encore aborder un dernier point. En guise d'introduction, je vous parlais du fait de n'en faire «qu'à votre tête». Je veux que tout ce passe comme je l'entends. Mais est-ce bien? Comment cela fonctionne-t-il exactement? Est-ce que ce que je souhaite correspond à ce que je souhaite vraiment? En d'autres termes: mon souhait est-il en phase avec mon Âme?

C'est perturbant, n'est-ce pas? Laissez-moi vous expliquer. Vous avez le libre arbitre et votre volonté propre. Votre volonté propre est ce que vous voulez, en phase avec votre Âme. Votre libre arbitre est la liberté que vous avez de réaliser votre volonté propre.

Mais comment se fait-il que nous ne sachions pas clairement cela? Si je souhaite une chose, c'est que je la souhaite, non?

Le message suivant vous amènera peut-être à réfléchir:

Qui veut ce qu'il ne veut pas, ne veut pas.

En voilà une belle phrase, non? Réfléchissez-y un instant et scindez cette expression. Cela la rendra plus claire. Si vous souhaitez une chose qui n'est pas ce que vous voulez intérieurement, vous ne souhaitez pas ce que vous souhaitez.

Comment fonctionne cette «volonté»? Il s'agit avant tout de déterminer quelle volonté vous écoutez. La volonté de votre raison, de votre Ego, de vos craintes, vos intentions fautives, ou celle de votre Âme?

Voici une liste des différents types de volonté. Il s'agit chaque fois de ce que vous pensez être ce que vous voulez réellement. Un peu comme une illusion de vos sens, même s'il faudrait plutôt parler de reniement de l'Âme et de reniement de volonté.

- La volonté de l'Ego: Je commencerai tout de suite par un exemple. Une maison, un jardin et des enfants! On vous inculque cette norme sociétale depuis l'enfance. C'est ce que tout le monde doit atteindre, non? Suivre cette volonté signifie suivre votre Ego. Vous voulez une chose parce que vous pensez que c'est ainsi que cela doit se passer, parce que le monde extérieur attend cela de vous. Vous ressentez notamment la pression de votre entourage, de vos parents, de votre famille, de vos amis.

Mais est-ce ce que vous souhaitez ceci réellement? Ou le faites-vous pour faire plaisir à quelqu'un? La question est difficile, mais la réponse est simple. Votre Âme n'hésite jamais, mais la raison peut vous faire penser tout autre chose. Réfléchissez dès lors à la «volonté de votre Ego» et efforcez-vous de distinguer ce que vous souhaitez réellement de ce que vous voulez parce que c'est comme ça.

- La volonté de l'envie: J'ai déjà abordé la question de la pulsion. J'ai alors parlé de la pulsion orienté vers les autres. Je voudrais à présent parler de l'envie orienté vers soi.

L'envie va de pair avec le devoir, et ce n'est pas un terme positif. Pourquoi devriez-vous faire quoi que ce soit? En effet, à ce devoir fait suite le pouvoir. Vous ferez tout et n'importe quoi pour satisfaire cet envie. Résultat: vous faites du mal à vous-même, voire aux autres.

Pensez simplement à la nourriture et à la boisson. L'excès est le signe d'un manque en vous, c'est une forme de compensation. Vous espérez remplacer ce qui vous manque par autre chose or, soyons clair, ce n'est pas une forme d'amour envers vous-même.

Apprenez alors à limiter, apprenez à connaître ici aussi vos limites, et vous constaterez que vous avez besoin de boire et de manger bien moins que vous ne le faites. Vous apprendrez ainsi aussi à connaître les limites de votre Âme.

N'oubliez toutefois pas d'apprécier ce que vous buvez et mangez. Mais respectez vos limites.

Qualité ou quantité, qu'opter?

Cela vaut dans tous les domaines de la vie, dans tout ce que vous faites. Cette approche vous apprendra énormément. Pensez à vos relations avec la famille, les amis, à votre travail, votre couple, au sexe, aux loisirs, et ainsi de suite.

- La volonté de la raison: Cela signifie vouloir avoir raison, vouloir convaincre les autres. Vous le sentez immédiatement, il s'agit d'un exercice de pouvoir. Vous souhaitez en effet imposer votre opinion, rallier les autres à votre point de vue.

  Par conséquent, vous ne permettez pas à l'autre d'être libre, vous n'offrez pas librement votre avis et ne laissez pas à l'autre la liberté de développer sa propre perception.

- La volonté de l'émotion: C'est ce qui arrive lorsque les sentiments ne sont pas exprimés et ressentis pleinement, le Karma donc. Ces sentiments sont quelque part dans votre corps et veulent en sortir. Puisque vous ne les exprimez pas, ils ne peuvent s'échapper. Ils cherchent alors une autre issue.

  Ils vont alors définir votre comportement. Je le répète: si vous avez, par exemple, une grande colère en vous, vous deviendrez grognon, à cran, irritable, ... Cette charge émotionnelle cherche un autre mode de sortie et crée un comportement qui ne vous correspond pas.

- La volonté fougueuse: Une bonne description serait de parler de volonté indomptée. A ne pas confondre avec l'intuition, nous y reviendrons.

  Votre volonté fougueuse est la conséquence d'une volonté impulsive sans ressenti, sans réflexion, un acte aveugle. Comment cette volonté naît-elle?

  C'est souvent ce qui arrive quand on n'accepte pas la réalité. Vous n'avez pas les pieds sur terre, au sens propre comme figuré. Vous ne ressentez donc pas la réalité et agissez à l'aveugle.

La leçon est donc clairement la suivante: il faut garder les pieds sur terre. Soyez dans la réalité, ne l'étouffez pas. Cela ne vous ferait faire que des choses que vous ne souhaitez pas réellement.

Voilà la différence avec l'intuition, votre savoir. Nous en venons à l'essentiel: que souhaite votre Âme?

- La volonté de l'Âme: Il s'agit de ce que vous souhaitez réellement, de ce que votre Âme souhaite. Il s'agit du souhait dicté par votre authenticité et non par vos fardeaux.

  Cela revient au renoncement inconditionnel à ce qui est maintenant. Mais qu'est-ce que le renoncement inconditionnel? Il s'agit d'accepter ce qui est et d'admettre que le hasard n'existe pas. Ce qui est, est donc bien. Sinon il en serait autrement, n'est-ce pas?

  Ne confondez pas renoncement inconditionnel et fatalisme. Le fatalisme consiste à subir, comme une victime. Vous n'êtes jamais victime. Le renoncement inconditionnel, c'est entrer dans le moment, le prendre à deux mains et tenter de le laisser être un maximum.

  Le renoncement inconditionnel est en substance un mouvement vers l'avant. Vous entrez dans le moment, en pleine conscience, vous prenez les commandes et définissez le résultat. Vous êtes aux commandes, sans quoi on vous commande! C'est ça ou la souffrance!

Permettez-moi de citer un exemple. Chacun d'entre vous fait face chaque jour à une série de coïncidences, grâce auxquelles il peut sentir l'effet en lui. Si vous vivez en pleine conscience, vous saisissez cette chance. Vous entrez alors dans le sentiment, vous cherchez le sens de tout cela, vous cherchez à gagner en sagesse, vous cherchez de la Compréhension Spirituelle. Le renoncement inconditionnel consiste dès lors à prendre ce qui s'offre à vous!

Le contraire du renoncement est la résistance, ne pas accepter ce qui est. Si tout ne va pas comme «je le veux», vous faites tout pour obtenir ce à quoi vous pensez avoir droit. Vous avez pour ce faire recours aux autres types de volonté précités.

Arrêtez-vous un instant sur ce point. Vous vous rendrez peut-être compte que vous êtes habile lorsqu'il s'agit des différentes sortes de volontés. Mais cela vous détourne de votre Voie. Vous vous mentez à vous-même!

Ce qui est perturbant, c'est que cela vous procure une fausse sensation de bien-être. Lorsque vous suivez la volonté de votre Ego, vous en ressentez une certaine euphorie, vous vous sentez bien. Un sentiment agréable n'est donc pas nécessairement en adéquation avec votre Âme.

Hélas, cette euphorie liée à l'Ego est de courte durée. Vous aspirez très rapidement à un autre moment d'euphorie. C'est sans fin, et cela peut parfois être fatal.

J'expliquerai dans le chapitre suivant comment vous y manier ce sujet. Mais sachez déjà ceci: vous devez vivre toutes ces envies et en tirer les leçons avant d'apprendre à connaître la volonté de votre Âme.

Je le répète encore: vous ne pouvez apprendre qu'en vivant ces expériences. Si vous n'avez jamais commis d'erreur, vous ne saurez jamais comment bien agir. Ces erreurs sont donc une partie de votre Voie.

Si vous empruntez votre Voie en pleine conscience, vous en apprendrez énormément à votre sujet. Vous apprendrez pas à pas qui vous êtes et ce que vous voulez.

Je rajouterai encore ceci:

> *Que votre volonté soit faite et non pas la mienne,
> car votre volonté est la mienne!*

Vous saisissez? La volonté de votre Âme est celle de l'Ensemble Supérieur. Vous faites en effet partie de l'ensemble et un ensemble ne veut qu'une seule et même chose. «Que votre volonté soit faite» signifie donc «que ma volonté soit faite». Joli, non?

Vous me voyez souvent, ainsi que le Monde des Esprits, comme un élément extérieur. C'est à la fois vrai et faux. Bien sûr, je suis quelqu'un d'autre, mais ce que je représente est parfaitement conforme à ce que vous voulez vous-même. Cet ouvrage peut donc se lire de deux manières. Comme un message imposé, ou comme votre propre Message.

A vous de choisir. Passons à présent au ressenti de l'Âme, la clé suivante de la découverte de votre Voie.

RECONNAITRE LE SENTIMENT DE VOTRE ÂME

Maintenant que vous êtes capable de créer et de prendre votre destin en main, une partie de votre Voie reste peut-être encore à éclaircir. Comment savoir si ce que vous ressentez est vraiment un sentiment de l'Âme ? Comment savoir si ce que vous voulez est réellement une volonté de l'Âme ? La réponse est dans votre ressenti.

Le ressenti est un phénomène complexe, voire contradictoire. Saviez-vous qu'un sentiment peut vous inciter à agir à l'encontre de ce que souhaite réellement votre Âme ? En réalité, c'est logique, et il ne peut en être autrement.

Imaginez que vous ayez souvent été humilié et que vous n'ayez pas autorisé ce sentiment, vous ne l'ayez pas ressenti pleinement et verbalisé. Vous avez ainsi ajouté un fardeau dans votre corps. Ce sentiment refoulé vous mène à une expérience au cours de laquelle vous serez humilié, de sorte que vous puissiez ressentir et verbaliser.

Accepter cette expérience vous procure une sensation positive. Mais le souhait de votre Âme n'est évidemment pas d'être humilié. Votre Âme veut se défaire de ce fardeau.

Les sentiments peuvent donc être perturbants si vous ne faites pas la différence entre les choix de l'Âme sur la base du sentiment de votre Âme et le sentiment suscité par votre fardeau.

Vos sentiments vous guident toujours vers des expériences utiles pour votre Âme, mais qui sont peut-être en désaccord avec le choix de votre Âme. Ce besoin d'humiliation peut vous pousser dans une relation qui ne correspond pas à votre Âme.

Vous apprenez ainsi votre leçon à la dure. Avec le temps, parfois des dizaines d'années, vous saisirez peut-être l'occasion de comprendre que votre relation n'est pas bonne et que vous avez refoulé longtemps vos sentiments.

Quand le moment sera venu, lorsque vous serez prêt, vous comprendrez et vous ressentirez et verbaliserez tout cela.

Il existe cependant une autre manière de faire. L'application de techniques telles que la régression peut s'avérer utile. Mais il y a plus simple encore: accepter et vivre les coïncidences est la solution.

Le fardeau de votre Âme est comme un oignon, il comporte plusieurs couches. Vous ne pouvez traiter que la couche externe.

Comment savoir ce que je dois traiter? Les coïncidences sont votre guide. Vous recevez ce qui est important pour vous à ce moment précis. Vous avez le choix d'en faire usage ou non.

Si vous refusez de le faire, nous vous préparerons alors, depuis le Monde des Esprits, la coïncidence suivante. Nous sommes heureusement très patients. Car vous ne comprenez pas souvent du premier coup.

Servez-vous donc de ce qui vous arrive. Vous pouvez ressentir pleinement et verbaliser ce sentiment d'humiliation dans les petites choses, tout en restant conscient des choix de votre Âme et en y restant fidèle.

La clé, c'est la conscience des choix de votre Âme et l'acceptation de ces expériences. Vivre ces petites coïncidences signifie choisir de vous défaire consciemment de vos fardeaux. Si vous n'écoutez pas, vous avez alors besoin d'une approche plus radicale, éprouvante.

Cependant, une chose est claire: suivre votre sentiment est toujours une bonne solution. Vous choisissez votre Voie. Les deux solutions sont possibles, mais la plus éprouvante sera probablement aussi un peu plus longue.

L'impact sur votre fardeau n'en sera que plus grand. La bonne nouvelle, c'est qu'une leçon très rude ne s'oublie pas si facilement.

Mais analysons d'abord la question des choix de l'Âme. Ils

sont aussi une partie de la découverte de la Voie de l'Âme. Comment savoir si ce que vous voulez est aussi un choix de l'Âme?

La première chose à faire est de verbaliser vos sentiments. Si vous parcourez le Cycle des Types et exprimez votre sentiment, vous découvrirez ce que votre Âme veut. Cela éclaircit au moins la situation.

Mais réfléchissez également à vos intentions, aux raisons qui motivent vos actions. Une réflexion sur la question vous permet déjà de bien vous évaluer.

Vous devez pour cela vous défaire de l'ordre établi, ne pas vous laisser guider par le monde extérieur. Sans quoi vous n'arriverez pas aux justes Compréhensions Spirituelles. Vous laissez votre image se faire influencer par les attentes de votre entourage.

Votre Code ADN reste le fil conducteur des choix de votre Âme. Vérifiez donc si votre choix est conforme à votre Code.

Identifiez les conséquences du choix de votre Âme et acceptez-les. Dans le cas contraire, tout s'arrêtera et vous ne serez pas en mesure d'aller au bout de ce que vous souhaitez réellement.

Ces conseils peuvent vous aider. Mais il se peut que cette approche ne vous rassure pas encore complètement et que le doute sommeille. La question clé, peut-être encore sans réponse, est la suivante: mon sentiment est-il en phase avec le choix de mon Âme? Ce que je souhaite est-il un souhait de mon Âme?

Peu sont capables de faire cette distinction et de déterminer clairement si un sentiment est un sentiment de Karma ou un sentiment de l'Âme.

Heureusement, il y a un moyen pour tous d'en obtenir la confirmation indéniable. Les coïncidences ne mentent jamais et vous montrent ce qui va et ce qui ne va pas.

La prise de conscience est à nouveau la clé, de même que

l'identification et l'interprétation correcte des coïncidences. Cela demande peut-être un rien d'entrainement et d'expérience. Si votre interprétation est erronée, vous recevrez une nouvelle coïncidence grâce à laquelle vous pourrez y prêter attention.

La découverte de la Voie de l'Âme passe donc par la lecture de ces coïncidences. Elles vous montrent la bonne Voie. Vous pouvez également procéder différemment et faire l'exercice suivant afin d'éclaircir une série de questions. Faites ce qui suit si vous souhaitez savoir si un choix est réellement un choix de l'Âme:

- Définissez le sujet que vous souhaitez éclaircir. Par exemple, mon travail est-il un choix de mon Âme?

- Méditez 15 minutes sur la question.

- Respirez ensuite 10 minutes de manière liée, vers votre Âme. Cela signifie sans pause, à l'inspiration succède immédiatement l'expiration, puis à nouveau l'inspiration, sans interruption. Faites gonfler au maximum votre ventre à l'inspiration et expirez le plus profondément possible.

- Dans les 14 jours, une coïncidence vous apportera une confirmation. Nous nous en chargerons au sein du Monde des Esprits.

Vous disposez à présent d'une méthode pour être parfaitement sûr de vos choix. Il y a toutefois plusieurs conditions.

Pour bien lire ces coïncidences, il faut une certaine expérience. Il se peut que vous ne vouliez pas voir en face la bonne réponse et que votre raison vous détourne de la bonne interprétation. Mais au fond de vous, vous savez sans en douter ce qu'il en est. Tout le monde peut le faire. Il vous suffit de le vouloir.

Un deuxième avertissement: ne traitez qu'un sujet à la fois, jusqu'à ce que vous ayez obtenu confirmation. Si vous posez plusieurs questions à la fois, vous finirez par ne plus voir l'arbre derrière la forêt.

Utilisez cette astuce dès lors avec sagesse. Prenez le temps et donnez également à chaque question le temps nécessaire. L'empressement et l'urgence sont mauvais conseillers.

J'ajouterais en prime encore quelques tuyaux, pour vous aider à vous découvrir et à mieux comprendre les sentiments de votre Âme:

> *Ce qui entrave la mise en pratique de votre Code Âge est la conséquence d'une action entreprise à l'encontre du sentiment de votre Âme.*

> *Ce qui vous irrite dans la mise en application de votre Code Âge est souvent la conséquence de votre propre comportement de victime.*

> *Si vous n'êtes pas entendu ou vu lors de la mise en application de votre Code Âge, c'est que vous exercez un pouvoir.*

Réfléchissez à chacune de ces phrases. Elles vous dérangent peut-être, mais elles sont éclairantes. Vous êtes en effet toujours la cause et la conséquence.

Pour chacune de ces questions, demandez-vous: Que puis-je faire différemment? Ainsi, vous comprendrez. Sentez et verbalisez, vous apprendrez à mieux vous connaître et à agir dans le respect de votre authenticité.

Voilà, encore un chapitre de clos. Mais poursuivez votre lecture à votre rythme, quand le moment est venu...

LES 9 ETAPES

La Voie de l'Âme se révèle tout au long de la vie en différentes phases. Ces phases sont des étapes. Connaître ces étapes favorise votre épanouissement tout au long de votre vie.

La sagesse et la maturité ne s'achètent pas. Vous les construisez au fil des expériences. Vous ne pouvez aborder certaines choses qu'une fois le moment venu.

Ces étapes sont 9 expériences de vie qui ont un impact à ne pas sous-estimer sur votre Voie Spirituelle. Chacune d'elles remplit une fonction bien spécifique. Elle définit en outre dans une large mesure le moment auquel vous pourrez vous engager sur votre Voie!

Les Etapes:

- L'enfance
- L'adolescence
- Le passage à l'âge adulte
- Le travail
- La relation
- Le lâcher-prise & la séparation
- 50+
- 70+
- La mort

Chaque étape revêt une facette qui vous aide à découvrir la Voie de votre Âme. Ne paniquez pas. Vous vous dites peut-être que vous n'avez alors sûrement pas fait ce qu'il fallait. Vous ne pouvez pas changer votre passé, vous ne pouvez que tirer des leçons et procéder à des adaptations qu'aujourd'hui. Il n'est jamais trop tard pour apprendre et changer quelque chose dans votre vie.

Comprendre ces étapes vous aide à comprendre la vie. Vous comprenez ainsi que la vie a une fin et que vous avez à différents moments de votre vie la chance de la vivre le mieux possible. L'ensemble de votre parcours vous donne peut-être d'importantes informations quant à ce qu'il vous reste à travailler.

L'enfance, de 0 à 12 ans

Chers parents, ce chapitre vous concerne. Je pars du principe qu'aucun enfant ne lit ce livre. En tant que parents, vous n'êtes pas toujours conscient de votre responsabilité dans l'accompagnement de votre enfant. Et cela commence dès sa conception.

Sachez que l'enfant a une Âme et une conscience, déjà dans le ventre de la mère. Il entend ce que vous dites et ressent ce que vous ressentez. De plus, il retient.

Dès la conception, l'enfant est marqué par les expériences de son père et de sa mère. Il vit les disputes, l'amour, la colère et ressent même ce que sa mère dissimule.

Cela fait partie de l'enfance. Sachez que votre enfant vous a choisi et qu'il a besoin de cette expérience sur la Voie de sa propre Âme.

Cela peut effrayer. Mais rien de grave, ce qui est, est bien, sinon c'est autrement. Passons à la question suivante.

Comment nourrit-on l'enfant spirituellement? En stimulant le Code Âge, pour l'enfant donc, le Justicier.

Apprenez également à votre enfant à gérer les règles. Fixez donc des limites. Vous n'exercez aucun pouvoir ce faisant si vos intentions sont pures. Vous lui apprenez au contraire à fonctionner dans le monde extérieur.

Verbalisez vos sentiments, sans arrière-pensée. Si vous êtes fâché, il vaut mieux le dire. Si vous le faites pour orienter le comportement de votre enfant, vous commettez une erreur.

L'enfant a surtout besoin d'un exemple. S'il voit depuis son enfance que la verbalisation des sentiments fait partie du quotidien, ce sera déjà pour lui un exemple important, qui l'aidera à emprunter sa propre voie.

Le grand danger pour les parents est de vouloir que les enfants réussissent ce qu'ils ont eux-mêmes raté. Ils projettent sur leurs enfants leurs propres échecs afin que ceux-ci fassent mieux qu'eux.

Ou alors vous surprotégez votre enfant afin de lui éviter de vivre ce que vous avez vécu.

Une grave erreur, donc. Retenez ceci: vous n'êtes pas votre enfant. Votre enfant veut créer sa propre voie. Il ne veut ni imiter la vôtre, ni être privé de ses propres expériences. Les erreurs font partie de sa voie. C'est de celles-ci qu'un enfant apprend le plus, comme tout le monde!

Offrez à votre enfant la liberté de s'épanouir. Donnez-lui des règles de vie, mais laissez-lui de la marge pour se développer. Sinon vous entravez sa croissance et cela aura des conséquences sur sa vie future. Stimulez à chaque fois son intuition et sa spontanéité.

Vous pouvez aussi envisager cela sous un autre angle. L'enfant a choisi ses parents pour peut-être apprendre à échapper à une tentative d'entrave. Parfois, certains parents sont perdus face à leur enfant et, sur le plan spirituel, l'enfant est bien plus avancé que ses parents.

Je ne peux que vous conseiller de demander le Code ADN de votre enfant. Voyez son Code Naissance, stimulez le Justicier et offrez à votre enfant la possibilité de découvrir d'autres caractéristiques. Si vous ne vous en sortez pas, demandez conseil.

L'éducation d'un enfant est une expérience passionnante, qui peut être une véritable confrontation avec vous-même. C'est la bonne approche.

Avoir un enfant ne présente aucune valeur spirituelle si ce n'est celle d'apprendre à lâcher prise. Si vous pensez que cet enfant est un souhait de votre Âme, vous avez plus que probablement tort. Un désir d'enfant n'est qu'à de très rares exceptions près un souhait de l'Âme.

Le désir d'avoir un enfant est une norme sociétale, c'est ainsi. Le choix conscient de ne pas en avoir est par conséquent un choix bien plus courageux.

L'adolescence, de 12 à 18 ans

Le rôle des parents est crucial pour ce groupe d'âge également. Mais l'adolescent prend désormais les choses en main et s'efforce de trouver sa propre voie. Et cela ne se fait pas sans heurts.

Les adolescents doivent être libres de s'épanouir et les parents peuvent les y aider. Comme je l'ai dit dans le chapitre consacré au Code Âge, le Piège tient ici la vedette.

L'adolescent veut apprendre à vivre le côté négatif et le côté positif de cette caractéristique. Les parents ont du mal avec cette idée. Or c'est indispensable pour l'enfant et son développement.

L'impact des parents n'est pas à sous-estimer, car les enfants doivent répondre aux normes de la société. On en revient au thème de l'entrave.

D'un autre côté, il revient à l'adolescent de se battre pour sa liberté. Le hasard n'existe pas et ce qui doit arriver, arrivera. Tout a un sens. Comme vous le savez maintenant, vous êtes la cause et la conséquence.

Tout comme l'enfant, l'adolescent a besoin de règles de vie. Elles existent également dans la société. L'adolescent doit toutefois tenter de les enfreindre, et il le fera. Il apprendra au fil de sa propre expérience.

Si en tant que parent, vous entravez ce processus, l'adolescent éprouvera des difficultés plus tard dans la vie par manque d'un cadre de référence qui lui soit propre.

C'est un exercice périlleux: préserver les règles de vie tout en autorisant l'adolescent à aller à leur encontre.

La clé réside une fois encore dans la verbalisation des sentiments. En tant que parents, vous devez ici aussi montrer l'exemple. Même si l'adolescent y semble totalement imperméable, persistez dans votre approche. Une graine a besoin de temps pour germer et Rome ne s'est pas faite en un jour.

Comprenez que l'adolescent doit pouvoir dépasser les limites pour savoir où elles se situent. Parlez-en, aidez l'adolescent à comprendre.

Voilà vôtre rôle de parent. Vous avez voulu un enfant, alors assumez-en la responsabilité.

Que faire si cela échoue? Il se peut que vous deviez alors prendre des mesures drastiques et lâcher prise. Qui ne veut pas entendre doit ressentir. Je ne saurais le dire autrement.

Cette solution pourrait bien être dans l'intérêt de l'enfant et dans le vôtre avant tout. Cela va à nouveau à l'encontre des normes sociétales, cela demande beaucoup de courage et l'acte de volonté de suivre la Voie de votre Âme.

L'âge adulte, de 18 à 50 ans

La période de 18 à 50 ans est riche en événements. Le processus principal est le Cycle de l'Ego. A partir de 18 ans, vous avez recours à votre Ego pour vivre des choses dans la matière. Vous cherchez avant tout à vivre votre vie, à la construire, et non à développer votre spiritualité.

Sur le plan spirituel, il serait néanmoins bon de prendre conscience dès cet âge de votre ressenti. Un peu comme apprendre à utiliser une boussole. Vous pouvez d'ailleurs déjà vous laisser votre ressenti guider vos choix, mais vous voulez malgré tout d'abord réaliser des choses dans la matière.

En faisant de votre ressenti une boussole et en agissant conformément à ce ressenti, vous avez à l'âge de 36 ans déjà réalisé une série de choix de votre Âme dans la matière. Réfléchissez-y un instant et analysez votre situation.

Pourtant, entre 18 et 36 ans, vous agissez essentiellement selon les attentes du monde extérieur, car vous avez conçu encore trop peu de références. En soi, rien de mal à cela, cela fait partie de votre processus d'apprentissage. Ces erreurs vous permettent de savoir ce que vous voulez.

Vous mettez l'accent sur le côté positif de votre Stade Phase. Vous apprenez ainsi à développer votre talent. Vous reliez inconsciemment cette caractéristique à votre Sphère Niveau. Vous êtes ainsi immédiatement en mesure de mettre correctement en pratique votre Sphère Niveau dès l'âge de 36 ans.

36 ans, c'est un tournant décisif dans votre vie. Le passage à votre Sphère Niveau vous pousse à vous demander qui vous êtes vraiment. Ce processus peut prendre plusieurs années.

Pour ceux qui ignorent la réponse, sachez que vous êtes le résultat de vous-même. Cela vous donne à nouveau matière à réflexion, n'est-ce pas ? Je ne peux pas répondre à cette question pour vous dans les détails, c'est à vous de le découvrir par vous-même !

Je constate beaucoup de cas de burn outs et de crises de la quarantaine après 36 ans. Votre Âme vous fait réfléchir à vous-même, du moins si vous prenez conscience que c'est l'objectif de tout ce processus.

Dès 36 ans, les gens font face à étonnamment plus de revers qu'à toute autre période de leur vie.

Sur le plan spirituel, c'est une tentative de prise de conscience. Les expériences non vécues au cours des dernières années peuvent ainsi être rattrapées. Ces revers peuvent vous réveiller et vous faire apprendre les leçons qui auraient déjà dû être apprises.

C'est à nouveau une manière d'apprendre vos leçons à la dure. Il s'agit d'une intervention du Monde des Esprits, qui souhaite ainsi vous encourager à choisir la Voie de votre Âme.

Ce processus vous apprend à vous libérer des normes inculquées, mais aussi par exemple de vos parents. Votre prise de conscience s'accentue, vous avez gagné en maturité et en sagesse et vous souhaitez mettre le tout en pratique.

Votre devise devient alors de vivre selon vos propres normes et valeurs. Vous êtes moins vite perturbé, votre savoir est votre stabilité et votre sécurité.

A partir de 36 ans, votre Âme prend de plus en plus le dessus sur votre Ego. En votre for intérieur, vous souhaitez comprendre, et ce souhait semble incontournable, du moins si vous l'écoutez. Pour ce faire, vous vous placez devant le miroir. La question de savoir qui vous êtes se pose de plus en plus et vous finissez ainsi par trouver la réponse.

Cette conscience de vous-même et la conscience en général prennent donc le dessus. Elles sont souvent à l'origine de changements dans votre vie. Une série de choses ne correspondent plus à votre idUnité récemment découverte, et cela a des conséquences, par exemple sur votre travail et votre relation.

Ce qui était bien pour vous entre 18 et 36 ans ne semble plus pertinent, d'autres choses sont à l'avant-plan. Vous prenez de plus en plus conscience que vous êtes celui au centre de votre vie.

Qu'en est-il de cette question délicate: Qui suis-je? Essayez de trouver une réponse à cette question. C'est difficile, non? Laissez-moi vous aider en abrégeant la question:

Suis-je? Ce que vous devriez voir dans cette question, c'est qu'elle est formulée au présent. Qui suis-je maintenant?

La liste de questions suivante peut vous apporter une aide supplémentaire:

Suis-je content? Suis-je heureux? Suis-je conscient de mes choix? Suis-je en phase avec moi-même?...

Ecrivez vos réponses sur un papier et inversez ensuite les réponses. Dites-vous ceci: Je suis... Vous parviendrez lentement mais sûrement à définir précisément qui vous êtes.

Vous êtes votre nom, votre Âme, votre pensée, votre Ego, votre raison, vous êtes la somme de tout cela. Un de ces éléments prend tantôt le dessus, tantôt un autre. La somme de toutes ces choses constitue qui vous êtes.

Vous êtes une médaille, avec deux côtés, des traits positifs et des traits très négatifs. Voyez aussi cette réalité-là en face, sans honte, soyez au contraire conscient de la réalité.

Cela reste pourtant une question difficile: Qui suis-je ? Voilà dès lors un exemple choisi «au hasard»:

Qui suis-je? Je suis Anthon van Dijck, une Âme Supérieure, et la mission de mon Âme est d'aider librement les gens à découvrir la Voie de leur Âme. Je suis amour, je mets les autres à rude épreuve, je suis patient et compréhensif. Je suis la Compréhension Spirituelle progressive, je cherche, je trouve et je partage, avec ceux qui y sont ouverts.

Qui êtes-vous? Allez-y, nous sommes toute ouïe ici, dans le Monde des Esprits! Encore matière à réflexion, n'est-ce pas?

Sachez que vous êtes la somme de différentes facettes. Vous

êtes la somme de votre Âme, de votre Ego, de vos craintes, de votre Karma, de votre raison. Lorsque vous aurez identifié et accepté vos différentes facettes, vous aurez déjà parcouru une bonne partie du chemin vers la bonne réponse.

Mais revenons-en aux différentes Etapes. 45 ans, un autre tournant. C'est alors que commence l'automne de votre vie. Cela semble tôt, n'est-ce pas? Pourtant, il en est ainsi.

Vous vous demandez alors: qu'est-ce que je souhaite encore? Si vous y réfléchissez un instant, vous verrez qu'en réalité, plus rien ne doit.

C'est le moment où votre Âme a totalement pris le dessus sur votre Ego. Vous ressentez que vous ne devez plus rien prouver. Vous avez jusque-là passé votre temps à construire. A présent, vous profitez de ce que vous avez construit.

Vous êtes désormais capable de recourir à votre Ego uniquement lorsque c'est nécessaire. Vous avez développé pour ce faire sagesse et maturité.

Votre Âme oriente à présent vos actes. Quand vous l'avez constaté, vous pouvez éprouver un sentiment de bien-être.

Sur le plan de l'Âme, à partir de 45 ans naît aussi le souhait de l'Âme de bien mettre en application le Code ADN. Vous vous perfectionnez dès lors dans l'utilisation de vos talents. Font également surface plusieurs nouvelles facettes, qui vous aident à découvrir la Voie de votre Âme.

J'insiste toutefois pour que vous n'y attachiez pas trop d'attention. Restez conscient de votre Sphère Niveau, telle est votre mission principale. Le reste viendra tout seul, quand le moment sera venu.

Dans votre évolution vers l'âge adulte, vous mettez également au point de plus en plus d'équilibres. L'équilibre matériel-émotionnel-spirituel, par exemple, mais il y a aussi l'équilibre entre la pensée et le ressenti, votre côté masculin et votre côté féminin. Vous êtes de plus en plus «entier» ou «un».

Vous appréciez de connaître l'équilibre entre votre côté

masculin et votre côté féminin et de pouvoir l'utiliser. Il vous rend plus doux, plus mur, plus sage. Et votre entourage s'en rend compte lui aussi.

Vous découvrez de plus en plus la différence entre le vrai et le non-vrai au fil de votre vécu et le percevez également chez les autres. Cela vous permet de faire une sélection et de définir de plus en plus qui vous correspond ou non.

Vous apprenez à accepter que ce qui est désagréable est aussi agréable et bien, une nécessité pour votre épanouissement futur. La force intérieure qui vous pousse à comprendre n'a fait que grandir. Vous aspirez à l'amour, faites usage de votre force et agissez avec sagesse.

La véritable spiritualité demande du courage pour pouvoir mettre en pratique ces conclusions, agir en phase avec votre Âme. Cela crée notamment une rupture entre les gens positifs et négatifs, ceux qui cherchent et ceux qui restent dans l'inconscience.

Réfléchissez enfin aux choix guidés par les sentiments que vous avez faits à 18, 36 et 45 ans. Méditez à ce sujet. Vous ne reconnaîtrai peut-être pas immédiatement vos choix et serez trop sévère avec vous. Tout se passe parfois dans de petites choses. Vous vous rendrez peut-être compte que certains de vos choix n'ont pas été faits de votre ressenti. Et c'est bien aussi. C'est un moment d'apprentissage, du moins si vous êtes disposé à en tirer une leçon.

Le travail

Votre travail constitue une étape à lui seul. Il est une partie intégrante de votre passage à l'âge adulte. Mais vu son importance, il mérite un chapitre distinct.

Votre travail devrait être un choix de votre Âme. Réfléchissez un instant à cette phrase. Vous consacrez énormément de temps à votre travail, faites le compte.

Vous y vivez également de très nombreuses expériences. Il est donc totalement faux de penser que la spiritualité n'a pas sa place au travail.

J'entends par là qu'au travail également, vous devez pouvoir agir selon votre authenticité. Dans le cas contraire, vous ferez face à la démotivation, au stress et à des problèmes de santé.

Vous rejetez souvent la faute en dehors de vous. Que ce soit la charge de travail ou l'employeur ou encore les changements incessants qui sont la cause de votre stress. Rien n'est moins vrai: ce ne sont là que des circonstances pour vous inciter à réfléchir à vous-même.

J'ai déjà expliqué en détail en quoi consiste un choix de l'Âme et comment savoir si votre travail vous correspond réellement. Etes-vous en mesure de mettre votre Code ADN en application au travail?

Attention toutefois! Si vous estimez que votre emploi ne vous correspond pas et que vous en changez sans avoir compris ce qui n'allait pas, vous vous retrouverez immanquablement dans des circonstances similaires. Le but serait alors que vous en tiriez une leçon.

Cherchez dès lors à comprendre. Que peut vous apprendre votre emploi actuel? Si vous appliquez ce que j'ai déjà expliqué précédemment dans ce livre, vous constaterez peut-être que vous n'êtes pas du tout au bon endroit. Mais il est tout aussi probable que votre conclusion soit que vous ne voulez absolument plus rien d'autre.

Faites donc votre devoir avec sérieux. Ne prenez aucune décision impulsive.

Les volontés fougueuses n'apportent que le conflit.

On en revient alors à la notion de courage, d'acceptation des conséquences de vos choix. Démissionner comporte également des risques, non?

Faites cependant confiance à votre Âme. Si vous faites un choix dicté par l'Âme, le Monde des Esprits vous soutiendra. Même si vous devrez assumer seul.

Vous trouverez alors l'emploi qui vous correspond. Vous vivez donc toujours les expériences dont vous avez besoin. Le hasard n'existe pas.

Vous avez dans cet ouvrage tous les outils nécessaires pour arriver à vos propres Compréhensions Spirituelles. Lancez-vous donc.

La relation

Votre couple devrait lui aussi être un choix de l'Âme. Une grande partie du sous-chapitre précédent vaut donc également pour ce thème-ci.

Votre relation débute souvent alors que vous êtes encore fort jeune. Vous ne disposez alors pas d'une expérience suffisante à laquelle faire appel plus tard.

Vous pourriez évidemment reporter votre relation et attendre d'avoir suffisamment d'expérience. Hélas, ne rien vivre n'accroît pas votre expérience.

Aussi importe-t-il de suivre votre ressenti et le grand piège est le sentiment amoureux. Il n'est qu'illusion. Ce sentiment amoureux se situe en effet dans votre tête. Il met en marche une série de processus chimiques qui vous rendent euphorique.

Soyons clair, il n'y a rien de mal à cela. Profitez-en, car cela fait aussi partie de la découverte de la Voie de l'Âme. Mais sachez qu'il ne s'agit pas d'intuition, même si vous sentez des papillons dans le ventre.

Le temps dilue ce sentiment amoureux et il laisse place au ressenti. Comme je l'ai déjà dit, vous pouvez entrainer ce ressenti dès le plus jeune âge. Le moment est en tout cas venu de le mettre en application.

Prêtez attention aux coïncidences. Du moins, si vous pouvez encore les percevoir au travers de ce sentiment amoureux. Comprenez également qu'au cours de cette période, vous êtes essentiellement guidé par le monde extérieur et les normes inculquées: une maison, un jardin et des enfants. Si vous agissez en pleine conscience, cela pourrait vous éviter pas mal de misères.

Cette période est probablement déjà loin derrière vous. Il est peut-être temps de jeter un regard en arrière. Vous identifierez pas mal de choses.

Si vous regrettez certains actes et en tirez une leçon, cela peut encore éveiller un sentiment de bien-être. Il n'est jamais trop tard pour apprendre, quel que soit votre âge.

Reste votre partenaire. Vous avez peut-être longtemps tenté de le changer. Vous savez désormais que cela relève du pouvoir. Vous ne pouvez changer que vous-même et cela a toujours un effet sur l'autre.

Il se peut que la découverte de la Voie de votre Âme vous amène à constater que votre partenaire ne choisit pas sa propre Voie ou que vos Voies respectives commencent à se séparer.

Vous en revenez alors au choix ultime: accepter l'autre tel qu'il est ou renoncer. Aucun compromis n'est possible. Ce qui nous amène à l'Etape suivante.

La séparation ou le lâcher-prise

Nous en venons ainsi au chapitre de la séparation et du lâcher-prise. Une expérience potentiellement douloureuse, mais pas nécessairement.

Si votre emploi ou votre relation ne sont pas des choix de l'Âme, la séparation doit suivre.

Au fond de vous, vous le savez. Mais votre raison vous invente encore mille excuses pour ne pas le faire. J'ai déjà parlé de l'entrave que représente votre raison. Ne la laissez dès lors pas vous détourner de la Voie de votre Âme.

Le plus dur, c'est que vous prenez conscience de la justesse de votre décision seulement après la séparation. Cela demande du courage et de la persévérance. Vous devez être votre premier choix. Or vous n'avez probablement pas été éduqué comme cela. «Aime ton prochain» est une norme sociétale, à laquelle on oublie d'ajouter «comme toi-même».

Si vous ne vous aimez pas, si vous agissez à l'encontre de votre Âme, vous ne pouvez pas aimer l'autre non plus. L'amour commence donc par s'aimer soi-même. On peut alors aimer l'autre. L'inverse est impossible.

Vient ensuite la question des enfants. Même lorsqu'ils sont un choix de l'Âme, il faut les laisser partir. Comme je l'ai dit, les enfants sont rarement un choix de l'Âme.

Quoi qu'il en soit, les laisser partir est une étape dans la découverte de votre Âme. Après avoir veillé sur eux, il faut lâcher prise. Dans l'intérêt de tous, tant le vôtre que le leur.

Vous comprendrez de la sorte à quel point ils sont un frein. Réfléchissez-y un instant. Quelle est votre liberté si vous persistez à retenir vos enfants? Avez-vous tendance à fuir face à cette idée?

Si cela vous pose problème, voilà déjà une question à laquelle appliquer les degrés de transformation. Vous avez sûrement une série de fardeaux qui vous empêchent de laisser partir vos enfants. Votre enfance vous a plus que probablement marqué à cet égard.

Telle une forme de compensation, vous voulez offrir à vos enfants tout ce que vous pensez avoir raté. Ils n'auront pas la vie aussi difficile que vous l'avez eue, voilà l'excuse que vous vous donnez. Mais est-ce exact? Vous faites-vous vraiment du bien, à vous et à vos enfants?

Voilà en tout cas matière à réflexion. Je ne souhaite pas vous donner ici toutes les réponses. C'est votre travail à vous. Et vous avez lu pour ainsi dire tout ce qu'il y a à savoir pour vous y aider.

Vous auriez peut-être préféré que je vous offre le tout sur un plateau, mais ce n'est pas comme cela que cela fonctionne. Chacun emprunte sa Voie et construit à partir de son propre vécu. Vous êtes le seul à pouvoir découvrir la Voie de votre Âme. Personne ne peut le faire à votre place.

Ce processus peut être éreintant, mais il est source d'un grand bien-être. Encore un dernier conseil:

Vous ne pouvez lâcher ce que vous ne possédez pas!

Voilà qui vous ramène les pieds sur terre.

Les 50 +

Voilà que vous avez enfin atteint la cinquantaine. Comme le dit le proverbe, on n'apprend pas à un vieux singe à faire la grimace. Joli, non? Vous auriez acquis suffisamment de sagesse pour vous reposer désormais sur votre expérience. La seule devise qui vaille pour les 50+, c'est de vivre ce bien-être. Tous les domaines de la vie devraient vous donner satisfaction.

Si ce n'est pas le cas, vous avez encore du travail. Mais sachez que vous êtes à cet âge depuis quelques années déjà à l'automne de votre vie: plus rien ne doit, vous devez avant tout profiter.

Est-ce permis, de profiter? Notre éducation nous a inculqué tout le contraire. C'est comme si c'était interdit. Or la Voie de votre Âme ne sera équilibrée que si vous parvenez à un juste milieu entre le plaisir et le travail sur vous.

Ce travail sur vous est souvent source de misères, de douleur, de sentiments désagréables. Mais la compréhension qui en découle est source de bien-être. Il n'est pas d'autre voie possible. A moins de fuir la réalité, d'avoir peur de ressentir et de refuser de voir ce qui vous arrive.

Lorsque vous choisissez de vivre en pleine conscience, vous savez que cet équilibre est positif et que le plaisir est une nécessité de l'Âme.

Le plaisir peut prendre le relais à partir de 50 ans. Dans le monde des apparences, vous ne désirez plus rien qui soit dicté par votre Âme. Je ne peux que souhaiter que vous reconnaissiez ceci en vous.

A partir de 50 ans, l'accent se déplace sur l'intérieur, le plaisir de faire usage de votre sagesse et l'acquisition de Compréhensions Spirituelles encore plus affinées.

Les 70 +

Les septuagénaires sont souvent de belles personnes. Vous le pensez, vous aussi? Voyez-vous cette sagesse, cette sérénité, ce sourire pour les petites choses? Cette vision est un plaisir à elle seule.

Si vous ne le voyez pas, vous avez encore sûrement du mal à accepter de vieillir. Vous ne vous acceptez alors pas. Voyez seulement si vous dissimulez votre âge ou si vous le vivez!

La contemplation sereine, telle est la philosophie de vie des plus de 70 ans. Plus rien ne doit, mais tout est encore possible. Voilà un clin d'œil. Peu importe, parce que ce qui est, est bien.

Si vous avez cette expérience à 70 ans, vous revenez sur votre passé les yeux ouverts, vous voyez vos erreurs et savez que tout s'est passé comme il fallait. Vous acceptez pleinement votre passé, le présent et même l'avenir.

Tous les septuagénaires ne voient pas le vieillissement de cette manière. Vous pouvez lire sur les visages comment la vie s'est déroulée. La quiétude ou la désolation. Vous êtes la conséquence de votre mode de vie.

Le vieillissement à ceci de particulier que le temps devient une notion sidérante. Comme si les jours défilaient. Vous vous levez et, un rien plus tard, c'est déjà le soir. C'est lundi et, un rien plus tard, c'est déjà vendredi. La notion du temps s'estompe.

C'est essentiellement lié au fait que vous acceptez pleinement la vie telle qu'elle est, que plus rien ne doit. Vous acceptez ce qui est et le temps passe alors sans que vous vous en rendiez compte.

C'est là une expérience particulièrement agréable, et la seule devise qui vaille est: cueillez le jour présent, profitez.

La fin de vie

La peur de la mort joue des tours à bon nombre d'entre vous. Il est pourtant certain que vous y ferez face un jour ou l'autre. Autant vous y préparer.

La manière dont vous mourez est révélatrice de votre vie. La fin de vie est l'ultime renoncement, le lâcher-prise de la vie sur terre. Plus vite vous renoncez au monde matériel et à votre enveloppe terrestre, plus simple sera la transition.

Par conséquent, voyez la mort en face, mieux vaut tard que jamais. Voyez-la comme une ultime expérience. Vous êtes dans ce cas aussi la cause et la conséquence. Vous choisissez la manière dont vous quittez ce monde.

Le renoncement ultime, le lâcher-prise de la vie terrestre, comment cela fonctionne-t-il ? Il s'agit de vous autoriser à partir. C'est aussi simple que cela.

Si ce n'est pas simple, cela signifie que vous vous accrochez, vous n'êtes pas en mesure de laisser aller et la mort sera votre dernière expérience pour apprendre à le faire.

Il n'existe pas de mode d'emploi de la mort. Vous l'avez pourtant déjà vécue des centaines de fois dans vos vies antérieures et vous en êtes visiblement ressorti indemne.

La mort n'est donc pas un point final, mais une étape. Ni plus, ni moins. Votre Âme a une grande expérience de la mort, cela ne peut donc pas être si terrible que cela. Seuls vos fardeaux peuvent vous jouer des tours.

Tout ce qui vous détourne de votre authenticité. Pour votre Âme, c'est d'ailleurs une expérience récurrente. Seules les choses qui ne viennent pas de l'Âme peuvent compliquer ce processus.

J'en viens ainsi au chapitre de la souffrance.

La souffrance devient dure, si ce n'est
de la laisser prendre les rênes

Encore une phrase qui vous donne matière à réflexion, n'est-ce pas?

La souffrance est une douleur, et cette douleur a une origine. Elle est la conséquence du non-ressenti, de la non-expression de sentiments nés d'actions non conformes à l'Âme.

Tout le monde agit de temps à autre à l'encontre de son Âme. Ces erreurs permettent d'en tirer un enseignement, de grandir en sagesse.

Mais il est tout aussi important de ressentir et de verbalisez, sans quoi s'accumule cette souffrance. Cela explique l'agonie de nombreuses personnes.

La souffrance naît d'actes non conformes au ressenti, de la résistance. Si vous vous opposez à votre ressenti, vous ne pouvez rien apprendre.

La résistance est la non-acceptation de ce qui est et la mort devient alors un parcours d'une grande souffrance. Le degré de souffrance est proportionnel au degré de résistance manifesté tout au long de la vie.

L'acceptation de ce qui est enlève tout son sens à la souffrance et à la mort. La souffrance est donc une dernière chance d'en tirer malgré tout de la Compréhension Spirituelle.

Encore une raison de travailler sur vous, de vous défaire de vos fardeaux, de vivre en phase avec votre Âme. Sachez que la Voie de votre Âme se poursuit au-delà de la mort, et vous transporte vers un autre monde, le Monde des Esprits.

Est-ce mieux là que sur Terre? Y règne-t-il la félicité? La réponse à ces questions pourrait vous décevoir. La vie y est tout aussi simple et difficile que dans la matière.

Le Monde des Esprits n'est pas une maison de repos aux rouages parfaitement huilés, on n'y trouve ni cuillers en or ni vierges pour récompense. Oubliez ces images créées par les religions. Elles ne vous apportent rien, elles sont fausses.

La découverte de la Voie de l'Âme n'est rien d'autre que le Paradis sur Terre. Une fois de l'autre côté, votre Voie se poursuit, tout simplement.

Bienvenue dans la réalité. Un seul verdict possible: le Paradis est partout! Votre dose de Paradis dépend de vous uniquement.

Si vous acceptez la mort, si vous ne résistez pas, si vous comprenez que la mort est elle aussi bien pour vous (sinon, ce serait différent), elle devient alors une expérience exaltante, en pleine acceptation, un choix délibéré, au cours duquel vous lâchez prise sur votre corps.

Vous prenez alors en toute conscience les rênes lors de votre mort.

Vous en savez désormais assez sur les étapes. J'ai conscience de la quantité d'informations fournies ici et je sais que vous ne pourrez pas tout digérer en un coup. Aussi la lecture de ce livre est-elle peut-être pour vous un nouveau départ.

Quand vous le sentez, prenez un passage de ce livre qui vous touche et mettez-vous au travail. Vous ne pourrez pas tout faire en une fois. Ce ne serait pas réaliste. La Voie de l'Âme s'emprunte pas à pas.

Je ne peux que vous y encourager. Commencez votre quête dès aujourd'hui, promenez-vous et cherchez votre Voie, qu'elle monte ou qu'elle descende, courez, flânez. Si vous trébuchez, pansez vos plaies, apprenez et profitez de cet enseignement et de cette perspective, mais avant tout, profitez de vous-même.

Il reste une toute dernière question, rien que pour vous:

Et maintenant?

EPILOQUE

Dans cet ouvrage, consacré à la découverte de la Voie de l'Âme, Anthon Van Dijck vous fournit les outils pour la découvrir par vous-même. Il met pour ce faire l'accent sur les trois premières Sphères terrestres et met à votre disposition une série d'outils pratiques, qui vous seront précieux dans votre quête.

Au terme de ces trois Sphères terrestres, vous évoluez toutefois vers le quatrième, cinquième, et peut-être sixième et septième Sphère. Ce qui semblait impensable hier, est aujourd'hui une réalité. Des dizaines de personnes sur Terre ont déjà atteint la quatrième Sphère, voire plus, et leur nombre ne cesse de croître. La croissance de l'Âme dans la matière entre dès lors dans une nouvelle dimension.

Ce sera le sujet d'un nouveau livre, qui vous expliquera comment gérer dans la matière ces Sphères ultérieures et les domaines de transition qui en découlent. Les outils proposés pour vous aider à emprunter la Voie de votre Âme n'en seront que plus nombreux, mais aussi plus clairs et complets.

Ceux qui ne sont pas encore aussi loin y découvriront eux aussi énormément de choses à leur propos en apprenant comment leur Voie évoluera à l'avenir. Vous y trouverez une foule d'idées, déjà d'une grande utilité aujourd'hui.

Beaucoup d'amour, de force et de sagesse.

ANNEXE 1:
RESUME DES CARACTERISTIQUES

Le Comportement Sphère:

1re Sphère

Accumulez autant d'expériences que possible dans lesquelles mettre en application votre Code ADN et cherchez à comprendre. Votre mission consiste à accumuler. Attention, vous avez tendance à adopter une attitude démolissante.

2e Sphère

Lorsque vous accumulez les expériences en lien avec votre Code ADN, faites la distinction par considération sentimentale entre ce qui vous correspond et ce qui ne vous correspond pas et agissez ensuite conformément à ces conclusions, sans quoi les connaissances acquises seront inutiles. Votre mission consiste à faire la part des choses et à agir en fonction. Attention, vous avez tendance à dissimuler les choses.

3e Sphère

Faites preuve de discernement en mettant en application votre Code ADN et efforcez-vous ce faisant d'apporter quelque chose à l'autre. Vous offrez vos connaissances à l'autre afin que tout le monde s'en porte mieux. Votre mission consiste à vous élever tout en offrant librement vos connaissances à l'autre. Attention, vous avez tendance à humilier les autres.

Le Profil de Base: le Trouveur - le Chercheur

Le Trouveur

Se concentre sur le résultat pour améliorer la situation, tout effort consenti doit présenter un avantage personnel. Peut être qualifié d'expert, il souhaite accroître.

Le Chercheur

Cherche avant tout à repousser les limites, à comprendre et à élargir son horizon, il anticipe, a une vision. Peut être qualifié de généraliste, il souhaite s'améliorer.

Les Types: l'Acteur, le Ressenteur, le Penseur

L'Acteur

Il se concentre sur la réalité, est axé sur l'action et le résultat, souhaite créer et entreprendre dans la pratique sur la base de concepts tangibles.

Le Ressenteur

Il cerne rapidement les situations et accorde une grande importance aux émotions, ajoute une touche de sentiment à l'ensemble, est empathique, aspire à une collaboration harmonieuse.

Le Penseur

Il vise la connaissance et la compréhension, est à la recherche du pourquoi, a besoin de communication et d'échanges, se laisse guider par sa pensée.

Le Code Naissance

Chaque code se décrit de 3 manières:
- la description générale donne un premier aperçu du Code;
- le symbole (+) représente l'interprétation correcte du Code;
- le symbole (-) représente l'interprétation erronée du Code, ou une interprétation (+) insuffisante.

1.1: Entamer

Description générale: Apprenez à faire face dans le respect du sentiment dégagé par votre Âme.

Vous apprenez à faire face, à vous prendre en main. Cela demande de la volonté pour atteindre votre but. Ne restez donc pas les bras croisés. Votre plus grande erreur serait de ne rien faire. Alors agissez, même si vous n'êtes pas certain de la justesse de votre approche. Vous le découvrirez ce faisant. En effet, agir permet de ressentir et ressentir permet de comprendre.

(+) Vous vivez des situations auxquelles vous devez faire face. Vous saisissez cette chance et rassemblez vos forces, vous prenez l'initiative, vous vous efforcez d'entamer, d'agir et vous persévérez. Vous êtes tourné vers la nouveauté, vous explorez et osez prendre des risques, vous créez des situations essais-erreurs, vous êtes pragmatique et doué pour la mise en œuvre.

(-) Vous tergiversez et êtes dans l'attente, vous ne parvenez pas à prendre une décision et vous gâchez la situation, avec pour conséquence la rupture. Vous ne prenez pas ce dont vous avez besoin par peur de paraître égoïste, vous semblez ne pas avoir d'objectif ou vous vous appropriez injustement certaines choses.

1.2: Tenir bon

Description générale: Apprenez à vous tenir au sentiment dégagé par votre Âme.

Vous apprendrez à persévérer et en ne renonçant pas trop vite. Si vous persistez suffisamment, vous découvrirez si une chose vous correspond. Votre plus grande erreur est de vous enliser dans votre entêtement ou de renoncer trop vite.

(+) Vous vivez des situations dans lesquelles vous devez tenir bon jusqu'à ce que vous sachiez ce que vous voulez ou non. Vous ne vous laissez pas facilement éconduire, vous vous en tenez à vos expériences, vous voulez consolider et montrer que vous êtes à votre place et que vous comptez. Toutes ces informations recueillies vous permettent de savoir quand vous voulez persister et quand vous ne le voulez pas. Vous vous donnez le temps de suffisamment expérimenter, ressentir, supporter, jusqu'à ce que vous soyez certain de votre sentiment et de votre opinion.

(-) Vous pouvez être démolissant, rester avec de mauvaises personnes ou des choses qui ne vous correspondent plus, vous pouvez persister par entêtement, envers et contre tout, ou ne pas oser vous lier par peur de perdre votre liberté et votre comportement empire dès lors la situation.

1.3: Oser la confrontation

Description générale: Apprenez la confrontation dans le respect du sentiment de votre Âme.

Vous apprenez à entrer en confrontation avec vous-même et aussi avec les autres. C'est indispensable pour pouvoir défendre vos propres intérêts. Vous vous prenez en main, de manière ferme s'il le faut, et c'est là aussi une confrontation avec vous-même car vous ignorez si la dureté de votre position est justifiée. Vous le découvrirez tout au long de cette confrontation. Votre plus grande erreur est de refuser la confrontation car vous n'apprendrez rien sans cela.

(+) Vous vivez des situations dans lesquelles vous devez gérer la confrontation. Vous osez combattre tout ce qui vous menace et vous semble injuste, vous vous battez pour vos convictions et vous voulez relever des défis. Vous osez régulièrement être en désaccord avec votre entourage ou ne pas accepter une situation. Vous avez besoin de discussions et y prenez du plaisir. Votre ressenti et la verbalisation de vos sentiments sont une part importante de votre vie, ils sont à la base de vos actions.

(-) Vous luttez pour des choses qui n'en valent pas la peine ou ne luttez pas pour des choses importantes par peur d'être exclu. Vous pouvez facilement vous sentir rejeté. Vous n'utilisez pas votre ressenti pour gérer correctement la confrontation ou vous vous laissez vos émotions vous dominer.

1.4: Semer et laisser pousser (se multiplier)

Description générale: Apprenez à suivre le sentiment dégagé par votre Âme lorsqu'il s'agit de semer et laisser germer, se reproduire.

Vous apprenez à faire preuve de patience, à semer une graine, à la choyer et à lui donner le temps de pousser. Vous apprenez à comprendre que laisser le temps aux choses en nourrissant, permet d'obtenir les meilleurs résultats. L'impatience est votre plus grande erreur.

(+) Vous vivez des situations dans lesquelles vous pouvez vous aider ainsi que votre entourage à grandir et à aller vers un mieux avec patience. Vous voulez rayonner amour et générosité, vous voulez éduquer, enseigner et encourager. Vous vous servez de toute votre expérience pour aider les autres à aller de l'avant et leur donnez le temps de grandir. Vous essayez de rallier les gens.

(-) Vous évitez votre responsabilité face à vous-même et aux autres, ou vous faites preuve d'hypocrisie par peur de ne pas être accepté. Vous avez un besoin démesuré de vous montrer complaisant, ce qui peut créer des difficultés, susciter l'abus, l'exploitation.

1.5: Oser commettre des erreurs

Description générale: Apprenez à suivre le sentiment de votre Âme en tombant et en vous relevant.

Vous apprenez à surmonter votre peur de commettre des

erreurs. Vous êtes de nature plutôt hésitante, car cela peut toujours mal tourner. Or vous ne pouvez le savoir qu'après avoir essayé. Alors osez, lancez-vous. Si vous vous trompez, tirez-en un enseignement. Si vous avez vu juste, tant mieux.

(+) Vous vivez des situations dans lesquelles vous devez oser commettre des erreurs et vous devrez apprendre à accepter que tout puisse mal tourner. Vous veillez aux règles et aux procédures, vous aspirez à l'ordre et à la rigueur, vous exercez un contrôle, vous voulez définir un cadre. Vous assumez votre part de responsabilité, vous êtes consciencieux et montrez le bon exemple, vous aspirez à un mieux et à la perfection afin de pouvoir obtenir ce que vous désirez. Vous devrez apprendre que la perfection n'est pas de ce monde.

(-) Vous n'agissez pas par peur de commettre des erreurs ou refusez d'apprendre de vos erreurs. Vous pouvez vivement critiquer ceux qui commettent des erreurs et faire preuve de dédain, vous pouvez adopter des points de vue extrêmes et fustiger la trop grande tolérance de votre entourage.

1.6: Apprendre à subir des émotions

Description générale: Apprenez à subir les émotions qui découlent du sentiment de votre Âme.

Vous apprenez à subir des émotions, dont l'angoisse. Cela demande beaucoup de courage. Mais sachez que si vous ressentez de l'angoisse, vous êtes sur la bonne voie. Si vous laissez libre cours à vos émotions, et donc aussi à la peur, elles disparaitront et vous en viendrez alors à l'essentiel. Ne fuyez donc pas face à vos angoisses et évitez de les intellectualiser.

(+) Vous vivez des situations dans lesquelles vous ressentez des émotions et de la crainte. Essayez de ne pas les fuir par la pensée ou l'imagination. Voyez vos émotions en face et efforcez-vous de les accepter comme une partie intégrante de vous. Vous devez apprendre à vous fier à votre intuition. Vous voulez un climat de sécurité et de sûreté, vous apprenez à ne pas vous laisser guider par des scénarios catastrophe, vous voulez agir avec prudence.

(-) Vous n'osez pas voir en face vos émotions et vos craintes et vous les fuyez ou vous laissez ces craintes vous paralyser. Vous êtes hypersensible à la critique, vous ressentez de la colère envers les autres et l'exprimez. Un sentiment d'insécurité peut éveiller un comportement négatif et une forme d'impuissance, vous vous plaignez alors de votre entourage, vous l'accusez de tout ce qui vous arrive. Vous vous sentez victime et vous vous laissez effrayer par des scénarios catastrophe imaginaires.

1.7: Renoncer à ce qui ne vous correspond pas

Description générale: Apprenez à faire usage du sentiment de votre Âme pour renoncer à ce dont vous vous méfiez ou à ce en quoi vous ne croyez pas.

Vos expériences vous apprennent ce qui vous correspond ou non. Vous faites chaque fois face à la même question: est-ce fiable? Dois-je m'y tenir ou au contraire y renoncer? La solution consiste à garder ce qui est fiable et à laisser partir le reste, tant les personnes que les choses.

(+) Vous vivez des situations dans lesquelles vous apprenez à renoncer à ce en quoi vous n'avez pas (ou plus) confiance et à ce en quoi vous ne pouvez plus croire, vous éliminez après avoir fait preuve d'esprit critique et de scepticisme. Vous cherchez à qui et à quoi vous devez renoncer et retenez ce en quoi vous pouvez avoir confiance. Vous renoncez à une dépendance démesurée.

(-) Il se peut que vous renonciez aux mauvaises choses en agissant trop rapidement ou de manière irréfléchie, ou vous refusez de renoncer par peur de perdre. Il se peut que vous adoptiez un comportement négatif, ce qui peut entrainer passivité et opposition, vous vous retirez, vous vous isolez ou vous vous accrochez désespérément à ce qui ne vous correspond pas (ou plus).

2.1: Faire ses propres choix

Description générale: Apprenez à utiliser le sentiment de

votre Âme pour faire des choix.

Vous apprenez à faire vos propres choix, à défendre ce que vous voulez. Cela ne fonctionne pas du premier coup, mais à force de faire vos propres choix, vous identifierez le choix intérieur de votre Âme. Vous devrez peut-être revoir vos conclusions à plusieurs reprises, jusqu'à ce que vous sentiez que ce choix vous correspond réellement. Une fois ce choix déterminé, tâchez de vous y tenir et restez cohérent. Votre plus grande erreur est de pêcher contre ceci.

(+) Vous vivez des situations dans lesquelles vous pouvez faire des choix en toute autonomie. Vous apprenez à adapter vos choix pour les rendre cohérents avec votre Âme. Vous aspirez à l'autonomie, vous voulez tout essayer et expérimenter, vous voulez juger par vous-même. Vous avez besoin de changement et de défi. Vous cherchez à déterminer quand, comment et avec qui et en quoi vous souhaitez poursuivre votre route. Vous aspirez à la liberté et n'avez pas peur d'être seul.

(-) Vous n'osez pas faire de choix et courez désespérément après tout et n'importe quoi de peur de manquer de quelque chose. Vous faites preuve d'égoïsme, vous ne tenez pas compte des autres, vous êtes insubordonné et chaotique, vous protestez contre votre entourage et essayez de prouver que rien ne va et cherchez à avoir raison.

2.2: Apprécier ce que l'on a et développer sa valeur propre

Description générale: Apprenez à suivre le sentiment de votre Âme afin d'apprécier les choses à leur juste valeur et de développer votre valeur propre.

Tout au long de vos expériences, vous découvrez ce qui vous est réellement précieux et découvrez ainsi votre valeur propre. Votre échelle de valeur est une évaluation intérieure personnelle et vous apprenez à agir en fonction de vos conclusions. Votre plus grande erreur consiste à chercher votre valeur en dehors de vous et à la laisser dépendre de choses dont vous n'avez pas le contrôle.

(+) Vous vivez des situations dans lesquelles votre estime de vous peut croitre et vous la trouvez finalement en vous-même. Vous aspirez à apprécier ce que vous possédez sur les plan matériel, émotionnel, intellectuel ou spirituel. Vous voulez vous épanouir sur le plan personnel. Vous attachez de l'importance aux valeurs, vous voulez mettre en pratique une chose qui ait de la valeur, vous cherchez la reconnaissance, mais finissez par la trouver en vous. Vous vous améliorez en apprenant ce qui a de la valeur et de l'intérêt. Ainsi croît votre estime de vous.

(-) Par manque d'estime pour vous-même, il se peut que vous critiquiez trop les autres et souligniez leurs faiblesses. Vous considérez que l'autre ou vous-même ne valez rien, ce qui ne fait qu'accentuer votre manque d'estime. Vous n'accordez pas la bonne valeur à quelque forme de possession que ce soit ou vous condamnez toute forme de possession par peur de devoir voir en face votre manque d'estime.

2.3: Ressentir et discerner par considération sentimentale

Description générale: Apprenez à ressentir intensément ce que vous indique votre Âme.

Vous apprenez à ressentir des choses agréables et désagréables, à distinguer ce qui vous correspond, ce que vous désirez réellement. Vous apprenez que les sentiments désagréables ont eux aussi leur importance et vous apprennent des choses sur vous-même. Apprenez donc à profiter des sentiments agréables mais aussi des sentiments désagréables et tirez-en vos propres conclusions.

(+) Vous agissez et jugez en fonction de votre ressenti et vivez ainsi des expériences. Vous accordez de l'importance à l'expression des sentiments, vous voulez vivre et ressentir pleinement. Vous apprenez à gérer les sentiments tant positifs que négatifs, vous ne les évitez pas et osez les ressentir pleinement. Ils vous donnent l'impression de véritablement exister. Vous cherchez à définir avec qui, où et quand vous voulez créer de la chaleur sentimentale, vous voulez pouvoir parler de sentiments et créer un lien entre les sentiments et la pratique.

(-) Vous ignorez votre ressenti, ce qui éveille un comportement froid, vous avez apparemment une carapace épaisse et vous vous réfugiez dans vos pensées. Vous n'exprimez pas vos sentiments par crainte de ne pas être pris au sérieux ou vous faites de vos sentiments un outil de pouvoir. Vous pouvez vous perdre dans un excès de sentiments.

2.4: Poser des limites

Description générale: Apprenez à poser des conditions et des limites en fonction du sentiment de votre Âme.

Vous apprenez au travers de vos expériences où se situent vos limites par rapport au monde extérieur. Déterminez dès lors où se situe pour vous la limite et voyez si cela fonctionne. Si vous n'êtes pas à l'aise avec cette limite, repoussez-la jusqu'à ce qu'elle soit en harmonie avec votre for intérieur. Respectez aussi cette limite, car elle est la seule manière de vous respecter pleinement. Votre plus grande erreur est de laisser les autres définir cette limite ou de vouloir définir les limites pour les autres.

(+) Vous voulez vous respecter ainsi que les autres. Vous traitez les gens et les choses avec respect et vous vous faites également respecter. Vous posez des conditions et des limites pour pouvoir bien fonctionner et vous prenez des décisions claires. Vous êtes cordial et concerné. Vous analysez les conditions posées par les autres à la lumière du sentiment de votre Âme.

(-) Vous posez énormément de conditions par peur de ne pas compter, ou vous n'en posez aucune par peur d'être rejeté. Vous ne savez plus ce que vous voulez et ne parvenez plus non plus à le déterminer, parce que vous vous axez trop sur les attentes des autres.

2.5: Distinguer l'essentiel de l'accessoire

Description générale: Apprenez à distinguer l'essentiel de l'accessoire en vous basant sur le sentiment de votre Âme.

Vous apprenez ce qui est réellement important pour vous ou non. En renonçant au superflu, vous vous sentez bien dans votre peau. Votre plus grande erreur est de relativiser l'essentiel également.

(+) Vous savez distinguer l'essentiel de l'accessoire, vous êtes sélectif et renoncez au superflu, vous savez ce qui est essentiel et important et vous aspirez à la perfection sur ces points. Vous vivez des situations dans lesquelles vous pouvez refuser ce qui n'est pas important pour vous, vous faites le tri dans vos aspirations et prenez spontanément vos distances par rapport au superficiel. Vous savez relativiser, vous vous libérez du superficiel, vous connaissez la valeur du détachement.

(-) Vous ne voyez pas ce qui est important pour vous et vous aspirez à des choses sans intérêt. Vous pouvez vous priver de toutes sortes de plaisirs pourtant essentiels, vous vous créez bien souvent trop de limites et pouvez-vous embarrasser de sentiments de culpabilité.

2.6: Rechercher à partir de différents angles

Description générale: Apprenez à analyser le sentiment de votre Âme sous tous les angles pour arriver à la bonne conclusion.

Vous apprenez à aboutir à des conclusions en analysant une situation sous différents angles. Vous trouvez ainsi des réponses qui vous correspondent. Utiliser pour ceci la combinaison de «agir, ressentir et penser». Le résultat sera positif. Vous apprenez ainsi à agir de manière de plus en plus intuitive et à vous en tenir à ce que vous avez appris.

(+) Vous posez une analyse critique et complète des situations qui se présentent: du point de vue de la raison, des sentiments, et de votre intuition. Cette méthode vous permet de comprendre, vous voulez savoir pourquoi, vous mettez au point des concepts généraux. Vous mettez de l'ordre et dégagez l'horizon. Vous voulez comprendre, vous aspirez en permanence à un mieux, vous formulez votre opinion et voulez définir votre propre vision de la vie.

(-) Vous ne faites pas la distinction entre les sentiments, la raison et l'intuition, ou vous vous accrochez à une approche seulement. Il se peut que vous vous sentiez confus, vous vous montrez très critique face à ce que votre raison ne peut expliquer et vous vous exprimez souvent cette critique face à cela.

2.7: Renoncer à l'envie de s'imposer

Description générale: Apprenez à faire confiance au sentiment de votre Âme sans vouloir vous prouver.

Vous apprenez qu'il est inutile de vous imposer pour obtenir un résultat. Vous cherchez donc une manière plus sage d'agir que la contrainte, sans vous faire piétiner et tout en défendant vos intérêts. Sentez donc que ce besoin de vous imposer est une approche peu efficace, et renoncez-y.

(+) Vous exercez votre autorité sans pouvoir, vous ne cherchez pas de reconnaissance extérieure, vous êtes conscient de vous et rayonnez l'autorité. Vous ne cherchez pas l'approbation et l'acceptation, vous ne devez pas faire vos preuves et vous renoncez à l'envie de vous imposer. Vous permettez aux autres d'agir à leur manière, vous vous méfiez de l'abus de pouvoir. Vous faites confiance à l'Ensemble Supérieur et pouvez dès lors renoncer à l'envie de vous prouver.

(-) Vous vous imposez trop par crainte de ne pas avoir de pouvoir ou vous ne vous imposez pas du tout par peur d'exercer un pouvoir. Vous abusez de votre position ou de vos connaissances et vous servez vos propres intérêts. Vous cherchez une confirmation extérieure.

3.1: Collaborer

Description générale: Apprenez à coopérer selon le sentiment de votre Âme.

Vous apprenez que la collaboration est une offre non contraignante, que l'autre peut accepter ou non. Vous apprenez par ailleurs à sentir avec qui vous souhaitez collaborer ou non. Lorsqu'une collaboration vous donne une impression positive, vous êtes en mesure de vous porter ainsi que l'autre à un niveau supérieur.

(+) Vous voulez collaborer et surmonter les différences afin d'élargir l'ensemble, sans réprimer vos propres acquis ni l'authenticité de l'autre. Vous veillez à l'intérêt général, vous prenez des initiatives communes et rassemblez les points de vue. Vous persévérez à vouloir élever vous-même et les autres. Tout au long de la coopération, vous tirez l'ensemble vers le haut pendant que chacun préserve sa propre valeur.

(-) Vous ne coopérez pas, vous empruntez votre voie unilatéralement ou vous obligez les autres à coopérer avec vous. Vous pouvez être frustré si vous ne parvenez pas à faire coopérer l'autre. Vous n'acceptez dès lors pas que l'autre ait la liberté de coopérer ou non.

3.2: Partager

Description générale: Apprenez à partager le sentiment de votre Âme.

Vous apprenez à partager vos expériences et votre savoir. Vous vous rendez compte que cela vous rend meilleur et peut potentiellement être utile à l'autre. Vous découvrez quand ce partage a un sens et quand il est inutile. Vous apprenez cela en vous penchant sur vos expériences et en en tirant des conclusions.

(+) Vous partagez vos acquis afin de créer une plus-value pour tous, ce qui crée une solidarité et élargit l'ensemble. Vous créez des situations dans lesquelles vous pouvez partager. Vous améliorez ainsi votre position et/ou celle de l'autre.

(-) Vous ne partagez pas, vous gardez vos informations et vos acquis pour vous ou vous tentez de soutirer des informations à l'autre. Vous pouvez abuser d'informations dans votre propre intérêt afin d'exercer un pouvoir et vous pouvez fournir des informations trompeuses dans votre propre intérêt.

3.3: Développer un équilibre intérieur

Description générale: Apprenez à trouver un équilibre intérieur selon le sentiment de votre Âme.

Vous apprenez à trouver un équilibre intérieur, entre votre côté féminin et votre côté masculin, entre la pensée et le ressenti. Vous apprenez également à le faire dans votre rapport avec les autres et souhaitez ainsi, si possible, vous porter ainsi que l'autre à un niveau supérieur. Vous vous efforcez ainsi de dépasser le côté terrestre et matériel et cherchez des expériences plus profondes.

(+) Vous voulez apporter votre contribution afin que vous et votre entourage se sentent bien dans la peau, vous voulez susciter un lien et ressentir. Vous créez en vous un équilibre intérieur de même qu'en l'autre au travers de la chaleur sentimentale.

(-) Vous agissez uniquement dans votre propre intérêt et abusez de votre pouvoir ou vous ne faites rien du tout. Vous faites preuve d'hypocrisie dans votre intérêt. Vous pouvez adopter un comportement obsessionnel envers l'autre et vous montrer exigeant. Vous oubliez alors que l'autre est libre d'accéder ou non à vos demandes. Vous pouvez alors vous sentir rejeté et contrarié.

3.4: Faire preuve de compréhension

Description générale : Apprenez à faire preuve de compréhension pour soi-même et l'autre selon le sentiment de votre Âme.

Vous apprenez à faire preuve de compréhension d'abord à votre égard et puis à celui de l'autre en vous penchant sur vos expériences. Vous découvrez ainsi ce pour quoi vous pouvez faire de preuve de compréhension ou non. Vous souhaitez vous montrer compréhensif envers les autres et vous porter ainsi que l'autre à un niveau supérieur.

(+) Vous êtes compréhensif envers vos sentiments, opinions et aspirations et ceux des autres. Vous aspirez à la compassion sans pitié et êtes disposé à comprendre. Vous encouragez le respect, vous êtes généreux, vous voulez réconcilier les points de vue. Vous cherchez à comprendre davantage les motifs des autres et les vôtres. Vous vous efforcez de tout comprendre et analyser en profondeur pour ainsi améliorer l'ensemble. Vous ne pouvez le faire qu'en vous montrant compréhensif envers vous et les autres.

(-) Vous ne faites preuve d'aucune compréhension envers vous ou l'autre et vous faites preuve d'égoïsme. Vous pouvez mal vous comprendre vous-même en faisant preuve de trop d'empathie envers l'autre. Vous vous effacez alors et n'osez pas vous défendre par peur des conséquences. Ou vous essayez de comprendre et de convaincre au moyen de la raison, sans faire preuve de la moindre compréhension.

3.5: Elever avec passion

Description générale: Apprenez à faire preuve de compréhension pour soi-même et l'autre selon le sentiment de votre Âme.

Vous apprenez à agir avec passion et à porter ainsi l'autre et vous-même à un niveau supérieur. Au travers de vos expériences, vous découvrez ce qui vous passionne ou non. Cela vous permet de comprendre ce qui guide vos actions et aborde à des compréhensions selon lesquelles vous agissait.

(+) Vous agissez avec passion, vous aspirez à la perfection, vous travaillez corps et Âme et repoussez ainsi vos limites. Vous voulez être inspiré et passionné, vous stimulez votre entourage et visez un objectif final, vous voulez motiver et enthousiasmer, vous voulez vivre de manière exaltée.

(-) Vous êtes passif, vous n'agissez pas, vous attendez, paralysé, ou vous essayez de convaincre l'autre avec une passion démesurée, et l'autre a alors l'impression de ne plus être libre de ses choix. Votre comportement est source de chaos.

3.6: Le savoir intérieur

Description générale: Apprenez à suivre le sentiment de votre Âme et votre conscience.

Vous apprenez à utiliser votre savoir intérieur, votre intuition. En étant fidèle à votre intuition, vous avez la certitude de ce que vous souhaitez réellement ou non. Vous souhaitez ainsi également partager votre savoir, car cette expérience vous permet d'étendre votre sagesse et d'élever l'autre.

(+) Vous agissez selon votre savoir intérieur et développez ainsi des Compréhensions Spirituelles et une sagesse pour apporter votre contribution à l'Ensemble Supérieur. Vous aspirez au savoir intérieur et vous vous comportez de manière consciente. Vous faites pour cela appel à votre intuition. Vous vous élevez ainsi que les autres grâce à ce que vous avez compris. Vous assumez vos responsabilités pour l'ensemble et êtes conscient de faire partie de l'Ensemble Supérieur.

(-) Vous ignorez votre savoir intérieur, vous refusez de suivre votre intuition et agissez de manière purement normative en fonction de vos pensées ou vous laissez la spiritualité prendre le dessus et ne pouvez dès lors plus fonctionner dans le monde matériel.

3.7: Le renoncement inconditionnel

Description générale : Apprenez dans le renoncement à faire confiance au sentiment de votre Âme.

Vous apprenez que poser des conditions est superflu et qu'agir avec amour ne se fait que sans poser d'exigences. Vous apprenez à vous rendre au moment afin de profiter un maximum du moment présent et ainsi vous élever ainsi que l'autre. Vous apprenez également à gérer vos pulsions et constatez qu'elles vous empêchent d'être réellement vous.

(+) Vous êtes pleinement conscient de vous, vous osez faire confiance et vous renoncez sans conditions, vous vous offrez de manière inconditionnelle et cela permet de vous élever ainsi que l'autre à un niveau supérieur. Vous vivez dans l'instant présent et aspirez à l'unicité. Vous croyez en vous et en l'autre et vous constatez que la foi peut déplacer des montagnes. Vous vivez dans le renoncement le plus total et apportez ainsi votre contribution à l'Ensemble Supérieur. Vous rayonnez la confiance et inspirez votre entourage.

(-) Vous ne vous renoncez pas correctement et vous imposez des conditions. Vous n'acceptez pas ou vous êtes trop naïf et croyez ainsi tout le monde et faites confiance de manière inconditionnelle. Vous agissez souvent de manière irréfléchie, vous n'avez aucune limite.

La décomposition du Code

Chaque Code précédemment mentionné se compose de deux chiffres, qui peuvent à leur tour être interprétés indépendamment l'un de l'autre.

Premier chiffre:

1.x

(+) Rassembler: Rassemblez des expériences, tant matérielles qu'immatérielles. Elles peuvent avoir trait aux choses, aux personnes, aux connaissances, aux visions, aux points de vue, aux compréhensions. Rassemblez également votre courage pour mener à bien une tâche qui requiert audace et effort.

(-) Démolir: Au lieu de rassembler, vous divisez, vous morcelez, vous découpez. Et ce, sur de nombreux plans. Votre attention s'étiole, la vue globale disparaît, vous vous séparez du groupe. Vous êtes déchiré de l'intérieur et perdez dès lors le cap et tout cela n'aboutit à pas grand-chose. En résulte le chaos, et ainsi l'écroulement de l'ensemble.

2.x

(+) Faire la part des choses: Discernez par considération sentimentale ce qui est important pour vous. Cherchez ce qui vous correspond dans tous les domaines, tant les personnes que les activités. Définissez ce qui compte réellement pour vous ou ce dont vous avez véritablement besoin. Cela vous aide à prendre des distances par rapport à ce qui ne présente aucun intérêt ou est inutile. Vous devez également discerner qui vous souhaitez ou non fréquenter.

(-) Dissimuler: Si vous avez peur de discerner et de voir en face les différences, vous devenez vague et dissimulez la réalité. Vous refusez de la voir en face. Vous n'osez pas choisir par peur du rejet ou de la réprobation et vous agissez par crainte des conséquences et de ne pas être accepté.

3.x

(+) Elever: Impliquez-vous afin d'améliorer votre entourage et vous-même, de vous porter à un niveau supérieur. Offrez votre aide à l'autre sans contrainte et mettez en application vos compréhensions pour vous-même. N'exercez aucun pouvoir, vous n'êtes que vous-même. En voyant les caractéristiques en vous et chez les autres, et en vous basant sur celles-ci, vous stimulez l'évolution personnelles et vous vous élevez, ainsi que votre entourage.

(-) Humilier: Vous humiliez en blessant ou en déshonorant les autres et vous-même ou encore en méprisant les autres. Vous voulez contraindre l'autre et exercez un pouvoir. Vous vous humiliez aussi de la sorte. L'insulte, la moquerie ou la trahison sont aussi des formes d'humiliation.

Deuxième chiffre:

x.1

(+) Agir, persévérer: Agissez et persévérez, ne vous laissez pas marcher dessus, soyez déterminé. Terminez ce que vous entamez, persistez. Ne renoncez pas en cas de difficultés ou de reproches de votre entourage.

(-) Tergiverser: Vous tergiversez et reportez les choses, imaginez des obstacles pour ne pas devoir agir, vous repoussez les choses. Il se peut que vous tergiversiez par crainte de commettre une erreur ou d'aller à l'encontre de quelqu'un. En tergiversant vous ne parviendrez jamais à savoir ce que vous voulez vraiment de la sorte.

x.2

(+) Enrichir, valoriser: Mettez tout en œuvre pour vous enrichir dans tous les domaines, matériels et immatériels, et voyez-en la valeur. Soyez ouvert à la nouveauté, vous n'en aurez que plus d'estime pour vous-même. Aspirez toujours à votre épanouissement personnel. Vous comprenez la valeur de ce que vous possédez et de ce que vous faites.

(-) Appauvrir: L'appauvrissement est lié au fait que vous

n'appréciez pas à sa juste valeur ce que vous avez et faites, tant sur le plan matériel qu'immatériel. Vous diminuez de la sorte votre propre estime. Vous vous appauvrissez en ne vous épanouissant pas ou en ne vous ouvrant pas à la nouveauté.

x.3

(+) Chaleur sentimentale: Laissez libre cours à vos sentiments et émotions, osez ressentir et exprimer. Ouvrez-vous au ressenti par rapport à vous-même et à l'autre. C'est l'approche la plus fructueuse. Agissez en fonction de votre ressenti en exprimant ce que vous éprouvez, sans arrière-pensée. Cette attitude est source de clarté, pour vous et votre entourage.

(-) Froideur sentimentale: Vous êtes insensible et indifférent. Vous agissez ainsi pour vous protéger, mais cela ne vous mène nulle part. Vous ne faites que vous enfermer, et évitez ainsi également les autres. Vous n'osez pas vous laisser toucher ni vivre ce que les événements ont à vous apporter. Cela sème en vous la confusion et vous ne savez plus comment réagir.

x.4

(+) Cordialité: Mettez vous-même à la première place. Rayonnez l'affection et la cordialité pour vous-même et votre entourage. Cette approche est la plus fructueuse. Faites suffisamment attention à vous et puis à votre entourage. Faites preuve de patience à cet égard. Ne posez aucune exigence, donnez du temps et de l'espace à vous-même er à votre entourage. Acceptez les choses telles qu'elles sont et sachez ce que vous voulez. Faites-en part avec amabilité.

(-) Sans cœur: Vous n'osez pas vous mettre à la première place. Vous n'avez pas de « cœur » dans vos rapports avec vous et votre entourage et rien ne vous atteint. Vous êtes dur et jugez trop rapidement. Cette dureté témoigne d'un égoïsme extrême. Vous ne connaissez ni compassion ni empathie, ce qui empêche tout contact. Vous agissez souvent de la sorte par lâcheté car vous craignez d'être touché.

x.5

(+) Perfection: Vous vous efforcez de tout faire au mieux et aspirez à la perfection. Vous savez que la perfection n'existe pas, mais vous voulez régler les choses et les mener à terme. Cela vous procure un sentiment de bien-être. Pour atteindre cette perfection, vous mettez en place les structures nécessaires dans votre vie.

(-) Chaos: Vous êtes désordonné et chaotique. Ce manque d'ordre crée un véritable fouillis et l'arbre cache la forêt. Cela vous épuise et vous ne parvenez dès lors plus à de mettre de l'ordre dans vos affaires. Pour vaincre le chaos, il faut ramener une certaine structure.

x.6

(+) Intuition: Vous apprenez à vous fier à votre intuition. Si vous y prêtez attention, votre intuition vous indique immédiatement si une personne ou une situation est bien pour vous ou non. Cela se passe en une fraction de seconde, car l'intuition ne repose ni sur la pensée ni sur la raison. Laissez l'intuition guider vos actes, c'est l'approche la plus fructueuse.

(-) Normatif: Vous pensez et agissez « comme il faut », selon la norme. Vous vous accrochez à ce que votre entourage vous a inculqué comme règles et comme normes. Vous acceptez les normes sociétales car elles sont sûres. Vous êtes coincé dans vos pensées et vos actes, et vous en oubliez de vivre.

x.7

(+) Confiance: Apprenez à croire et à avoir confiance, dans tous les sens du terme. Acceptez qu'il y ait plus entre le Ciel et la Terre que le monde matériel visible. Croyez avant tout en vous et en tout ce que vous faites et entreprenez et prenez conscience de faire partie d'un ensemble plus vaste. Osez avoir confiance et agissez en fonction de cette science.

(-) Méfiance: Vous ne croyez en rien et ne faites confiance à rien ni personne. Vous doutez de vous-même également.

Vous ne voyez plus le bien en vous ni chez les autres et en devenez pessimiste. Vous perdez de vue l'Ensemble Supérieur et versez dans le fatalisme.

Le Code Q

Q1 – Le Brainstormer

Prend les rênes, est dominant et assertif, prend l'initiative et est prêt à prendre des risques, propose des idées et des concepts, tire sa motivation de la mise en pratique et cherche avant tout à dégager une vue d'ensemble.

Q2 – Le Stimulateur

Dirige consciencieusement en retrait, n'éprouve pas le besoin d'être sous les projecteurs, est patient, apporte une précieuse contribution, dirige si nécessaire, est la force tranquille, veille à l'ensemble, prend le temps pour ce faire.

Q3 – Le Processeur

Est doué pour la mise en application et s'efforce de trouver les meilleures solutions dans un cadre existant, se charge de la mise au point, travaille dur, peut prendre les rênes dans un domaine défini, paraît dominant, est un bon bras droit et souhaite se concerter avec le responsable final.

Q4 – L'Exécuteur

Exécute ce qui lui est demandé et a besoin de missions clairement définies, fonctionne au mieux s'il est encouragé et contrôlé et a besoin d'un avantage matériel.

Le Code-Z

Z1

Vous êtes en mesure d'appliquer de la bonne manière votre Code Âge, malgré les erreurs commises et dont vous tirez des leçons.

Z2

Vous commettez des erreurs dans l'application de votre Code Âge pendant une plus longue période en raison de votre refus ou de votre crainte des conséquences. Un changement de comportement peut modifier votre Code en Z1. Si l'application erronée se poursuit, votre code deviendra Z3.

Z3

Vous avez refusé pendant une longue période de respecter votre Code Âge ou ne l'avez pas respecté par peur des conséquences. Vous éprouvez dès lors des difficultés à appliquer votre Code et à trouver le sens de la vie. La spiritualité peut encore vous aider à trouver ce sens. Pour permettre l'évolution de votre Âme, vous devrez sans cesse vous efforcer de bien appliquer votre Code Âge. Une aide pourrait vous être utile à cet effet. La caractéristique Z3 est permanente.

Z4

Les revers vous ont dissuadé pendant longtemps de chercher à comprendre. L'évolution de votre Âme reste lente.

Z5

Votre opposition continue à votre Code Âge de par un comportement négatif fait en sorte que vous ne cherchez plus à comprendre.

Le Code-C et la Crainte Sphère

Le Code-C

1: la crainte d'être blessé physiquement;
2: la crainte d'être dans le besoin;
3: la crainte d'être mal compris;
4: la crainte de ne pas être intégrer;
5: la crainte de ne pas être vu;
6: la crainte de perdre son emploi;
7: la crainte d'être seul face à la vie;
8: la crainte de l'exclusion;
9: la crainte de croire aux choses fautives;
10: la crainte de ne pas avoir sa place dans la société;
11: la crainte de voir sa liberté limitée;
12: la crainte de la contrainte.

La Crainte Sphère

Crainte de la Première Sphère: crainte de la mort.

Crainte de la Deuxième Sphère: crainte de perdre le contrôle.

Crainte de la Troisième Sphère: crainte de l'humiliation.

Schéma évolutif du Code Evolution

Si vous observez attentivement le schéma évolutif à la page suivante, vous remarquerez que les Sphères Niveaux s'enchaînent différemment des Stades Phases. Leur appellation est pourtant identique.

Chaque Sphère Niveau présente 21 variantes. Elles sont mentionnées par les Stades Phases. Vous passez ensuite à votre Sphère Niveau suivant.

Exemple: Vous êtes né avec le Code suivant:

Sphère Niveau 2.2 (première colonne), Stade Phase 2.6 (deuxième colonne), soit 2.2/2.6.

Il s'agit du commencement de votre évolution en tant que Chercheur. Votre Code Evolution indique votre croissance en sagesse. Cette croissance se fait par étapes.

Vous achevez d'abord les Stades Phases restants de votre Sphère Niveau 2.2/3.6, 2.2/1.7, 2.2/2.7 et 2.2/3.7.

Vous passez ensuite à 2.3, où vous devez parcourir tous les Stades Phases, à commencer par 2.3/1.1 jusqu'à 2.3/3.7.

Vous passez ensuite à 2.4 et parcourez tous les Stades Phases.

Et ainsi de suite...

Le schéma évolutif suivant rend tout cela plus clair:

Schéma évolutif

SPHERE NIVEAU	STADE PHASE
1.1 Faire face	1.1 Faire face
1.2 Tenir bon	2.1 Faire des choix
1.3 Oser la confrontation	3.1 Collaborer
1.4 Semer et laisser pousser	1.2 Tenir bon
1.5 Commettre des erreurs	2.2 Valider
1.6 Subir des émotions	3.2 Partager
1.7 Renoncer	1.3 Oser la confrontation
2.1 Faire des choix	2.3 Ressentir
2.2 Valider	3.3 L'équilibre intérieur
2.3 Ressentir	1.4 Semer et laisser pousser
2.4 Poser des limites	2.4 Poser des limites
2.5 Distinguer	3.4 Compréhension
2.6 Rechercher	1.5 Commettre des erreurs
2.7 L'envie de s'imposer	2.5 Distinguer
3.1 Collaborer	3.5 Elever avec passion
3.2 Partager	1.6 Subir des émotions
3.3 L'équilibre intérieur	**2.6 Rechercher**
3.4 Compréhension	3.6 Le savoir intérieur
3.5 Elever avec passion	1.7 Renoncer
3.6 Le savoir intérieur	2.7 L'envie de s'imposer
3.7 Le renoncement inconditionnel	3.7 Le renoncement inconditionnel

ANNEXE 2:
Le Centre de Compréhension Spirituelle

Soulsystrum et le Centre de Compréhension Spirituelle ont 20 ans d'expérience dans l'accompagnement personnalisé et l'organisation d'ateliers. Sur notre site web, vous trouverez plus d'informations à ce propos. Nous proposons également des rapports personnalisés pour vous apprendre à mieux vous connaître.

Le rapport ADN est la base de tout notre travail. Il reflète l'ensemble des caractéristiques de votre Âme: Sphère Niveau, Stade Phase, Piège, Justicier, Comportement Sphère, Profil de Base, Type, Code Evolution, Comportement Sphère d'Evolution, Code Mars/Venus, Code-Q, Code-C, Code-Z. Cette demande de rapport est soumise à Maître Anthon.

Les Codes sont assortis d'informations sur la Mission de votre vie, votre Code Âge, votre Comportement Piège, le Comportement Stress et le Comportement de correction.

Le prix d'un Rapport ADN (4p) est de 80 €.

Si vous disposez de votre Rapport ADN, vous pouvez par la suite demander une mise à jour de votre Code Evolution. Vous pourrez ainsi suivre votre évolution spirituelle.

Le prix d'une mise à jour de votre Code Evolution est 15 €.

Intéressé? Postez votre demande sur notre site web à l'adresse www.thesiranthonyfoundation.org.

Comment se déroule votre demande: Remplissez le formulaire disponible sur le site web. Effectuez le payement ensuite. Le résultat de votre demande est envoyé par mail dans les prochains jours.

(*) Les prix mentionnés sont valables au moment de la publication de l'ouvrage. Ces montants peuvent être adaptés à tout moment et sont également disponibles sur notre site web.

www.ingramcontent.com/pod-product-compliance
Lightning Source LLC
Chambersburg PA
CBHW050137170426
43197CB00011B/1874